글로벌 자산

투자 트렌드 2018

서문진

Global Asset
Investment
Trend in 2018

WHYBOOKS®
(주)와이북스

글로벌 자산 투자 트렌드

2018 주식과 자산가격 에세이.

서 문

필자가 한국에서 처음으로 ETF(Exchange Traded Fund)만으로 구성된 펀드를 만들고 운용을 시작했었던 5년전과 지금은 너무 다른 상황입니다. 특히 한국 투자자가 글로벌화 되고 있음을 느끼고 있습니다. 요즘은 글로벌자산배분에 대해 책을 쓰고 강연과 세미나를 하던 시기에 만났던 은행, 증권사의 운용책임자들이나 연기금 펀드매니저들이 글로벌 투자를 시작하는 소식은 좋은 성과 내기를 응원하는 마음을 갖게 합니다.

이 책은 현장에서 글로벌 시장을 고민하는 분들이 궁금해했던 부분을 중심으로 출발하였습니다. 실제 글로벌포트폴리오를 운용하는 펀드매니저가 동료들과 가볍게 차를 마시면서 나눌 수 있는 이야기를 하고자 힘쓴 내용입니다. 따라서 책의 내용은 필자가 현재 포트폴리오를 운용하며 중요하다고 생각한 내용을 정리하여 시의 적절하게 구성하는 것을 그 목적으로 하였습니다. 또한 실제 투자에 활용될 수 있도록 최대한 ETF의 성과를 통해 예시하였습니다. 각각의 내용이 완성되기까지 많은 현장 PB분들이 제게 많은 질문을 주셨고 그 질문이 가진 무게를 느끼며 답변을 하면서 더욱더 축약하여 내용을 이 책에 담아내었습니다.

12월 17일을 끝으로 연간으로 50회의 강연과 세미나를 채우는 동안 한국의 많은 투자 전문가들을 만났습니다. 직접 포트폴리오를 운용하는 펀드매니저부터 고객을 만나는 현장의 PB(Private Banker)분들까지 투자의 어려움을 공유하면서 많이 배웠던 2017년 입니다. 감사한 마음을 가지고 한 해를 마무리하는 시점에 이범수군의 도움을 받아 이 책을 통해 마침표를 찍게 되었습니다.

감사합니다.

CONTENTS

일러두기

이 책은 글로벌 자산의 트렌드를 설명하기 위해 20가지 주제를 다루고 있다. 각 주제별로 투자 자산을 활용할 수 있도록 직관적인 이해를 돕고자 차트를 최대한 배치하려고 노력했다. 개별 주제로 예로 든 자산이 아니더라도 필요한 투자 자산이 있다면 82개 자산으로 구성된 Global ETF Chart book을 활용하길 바란다. 글로벌 자산 가격의 움직임을 확인할 수 있도록 산업과 국가의 대표 ETF 연간 수익률 차트를 책 후반부에 할애하였다. 특히 선정된 ETF는 펀드규모나 거래량과 같은 핵심 계량지표 기준으로 상위 10%이내에 위치한 최상위 등급의 투자자산이다.

<u>글로벌 자산투자 2018</u>

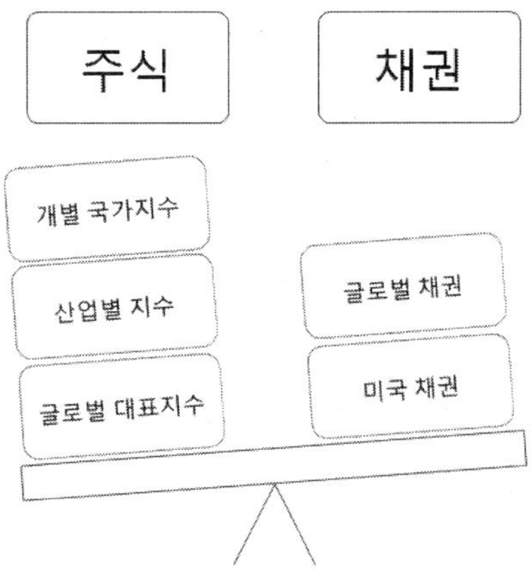

글로벌 자산의 투자트렌드를 이해하고 실제 포트폴리오를 구성하기 위한 독자는 차트북에 소개된 ETF만으로도 글로벌 시장의 90% 이상을 활용할 수 있다. 특히 예시된 투자자산 조합과정을 통해 스스로 해외 투자자산을 ETF조합을 구성해 볼 수 있을 것이다.

- 주식편에서는 글로벌 대표주가 지수와 산업별 주가 지수 그리고 개별 국가 지수로 구성되어 있다. 33개의 산업별 대표 ETF와 20개 국가별 대표 ETF를 예시하였다.

- 채권편에서는 미국의 대표채권과 글로벌 대표 채권으로 구성되어 있다. 미국 ETF는 만기별 미국 국채와 다양한 투자 섹터로 구성되어 있다. 국내에서 활용하기 힘든 시니어론, 제로 듀레이션 전략, 이자율변동헤지 전략과 같은 채권의 다양한 포트폴리오를 구성할 수 있는 ETF 포함해 17개의 미국 채권 ETF를 예시하였다.

한국 투자자도 투자트렌드로는 글로벌 투자자

- 글로벌 가치 : 감성적인 수익을 중요시하는 YOLO 라이프
- 글로벌 위험 : 시장을 지배하는 WAG THE DOGS 현상

한국 투자자도 투자트렌드로는 글로벌 투자자

우리는 한국이 아닌 곳에서 생산되는 재화와 서비스를 통해 글로벌 자산을 쉽게 경험하고 있는 세대이다. 글로벌 소비를 하는 행위가 자연스러워 지면서 그 자산들의 가격 변동위험에 노출되어 있는 자신을 발견하기 쉽다. 또한 다양한 언어를 접하면서 해외여행을 다니거나 오히려 한국에 사는 외국인들에게 호감을 보이기도 한다. 다수의 사람들이 유가와 같은 글로벌 자산 가격이 올라서 발생하는 휘발유 가격 인상에 대한 우려를 하고 구글과 같은 기업의 서비스를 사용하면서 네이버의 그것과 비교하고 있다. 많은 소비자가 소위 가성비가 좋은 글로벌 공급자를 찾아 인터넷을 유랑하며 글로벌 공급자의 시간에 맞춰서 블랙프라이데이 쇼핑을 즐기기도 한다.

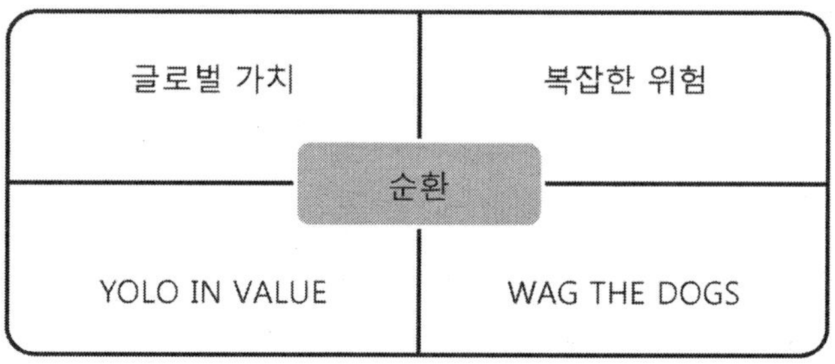

이제는 한국에서 사는 투자자들도 미국 대통령 당선인에 따라 국내에 미치는 영향을 분석하는 방송과 기사를 찾아 보기도 한다. 투자 전문가가 아니더라도 여행을 가기 위해 원/달러 환율이 궁금하고 아파트 대출금리를 고민하며 미연준(FRB)의 금리 정책에 신경이 쓰이는 시기에 우리는 살고 있다. 여기에 더하여 국내 금융기관들은 파생상품을 활용해서 구글에 투자하는 ELS 상품을 만들어 내기도 하고 해외채권과 부동산에 투자할 수 있는 펀드를 만들어 내고 있다.

개인의 소비가 글로벌화 되면서 경제적인 수익 역시 글로벌화 되는 과도기에 진입하였다. 특히 개인의 경제적인 위험이 복잡한 파생상품화 되면서 글로벌 위험에 취약해지는 현실을 외면할 수 없는 시대에 살고 있는 것이다.

대한민국 국민 대부분이 가입된 국민연금은 이미 글로벌 큰 손으로 불리고 있으며 실제 글로벌 투자 비중이 급속도로 늘어나고 있다. 연금의 규모대비 한국 자본시장이 작기도 하지만 글로벌 분산투자를 통해 위험을 낮추기 위한 목적도 있다. 결국 당신의 노후 자금들이 글로벌 자본시장 가격에 노출되어 있는 것이다.

국민연금 해외투자비중 추이

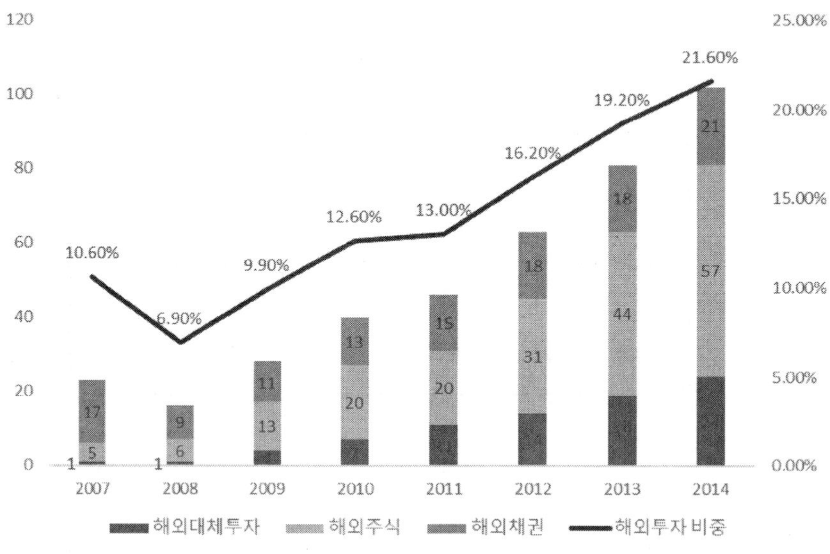

글로벌 가치 : 감성적인 수익을 중요시하는 YOLO 라이프

YOLO- 드레이크(캐나다 출신 가수)의 2011년 발표된 노래 "The Motto"의 가사에서 유래한 것으로 알려짐.

인기있는 줄임말 중에 욜로(YOLO, you only live once)가 2017년 한국 사회의 감성에 강하게 어필하고 있다. 욜로는 주로 여행이라는 삶의 방식으로 표현되는 것 같다. 실제 한국 여행객은 매년 사상 최고치를 기록하고 있으며 80~90년대 배낭족으로 표현되었던 젊은이의 소유물도 더 이상 아니다.

한국인 관광객 수치

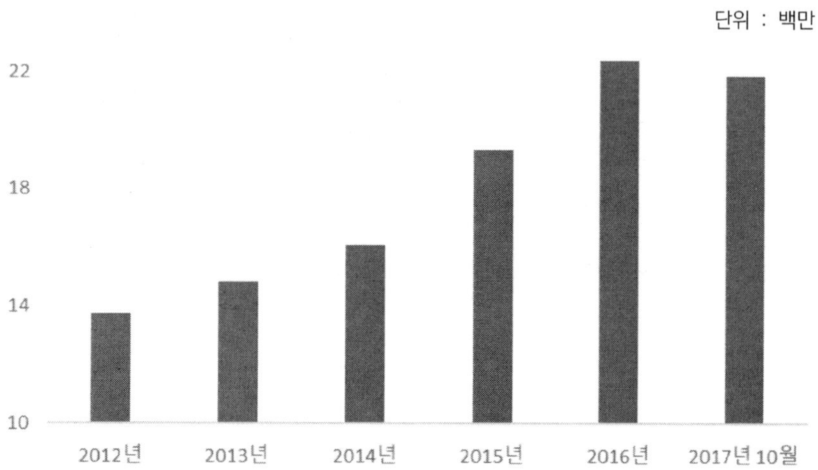

여기에 더하여 해외직구족 역시 늘어나고 있다. 실제 해외 직접구매 금액의 성장도 두드러지지만 한국 브랜드의 제품 역시 역으로 수입되는 진풍경 역시 일어나고 있다. 언어와 지리적 장벽을 넘어서는 IT의 활용이 합리적인 소비를 가속화시키고 있는 현상이다. 한국 소비자는 일물일가의 법칙에 한걸음 더 다가가는 중인 것이다.

일반적인 시장은 공급자가 투자를 통해 재화와 서비스를 공급하고 이를 수요자가 소비를 하면서 거래가 이루어진다. 이미 한국 소비자는 직구를 통해 재화를 소비하고 여행을 통해 서비스를 소비하고 있으니 글로벌 시장의 중요한 소비 구성원이다. 그런데 아직 한국 투자자는 글로벌 시장의 중요한 투자 구성원이라고 보기는 어렵다. 돈을 쓰는데 있어서는 가성비를 첨예하게 따지는 현명한 글로벌 소비자의 지위에 비해 글로벌 투자자의 지위는 아직 확보하지 못한 상황이다.

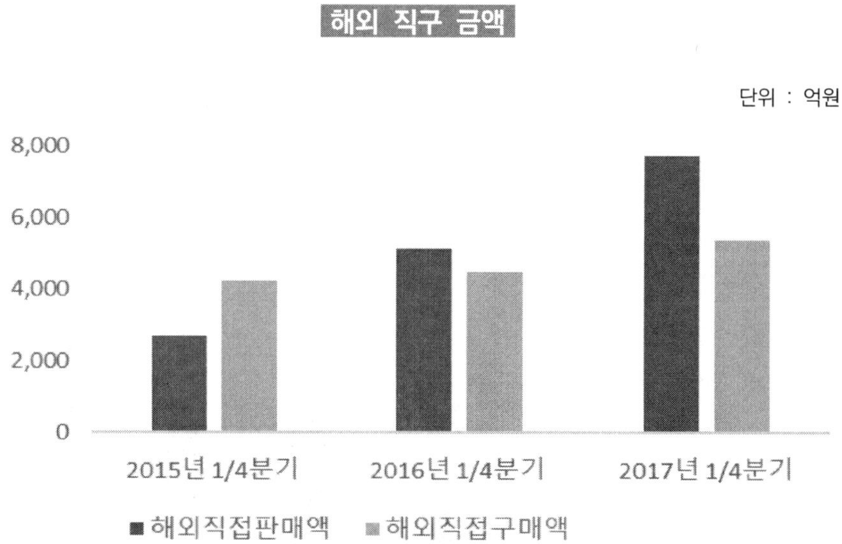

글로벌 위험 : 시장을 지배하는 WAG THE DOGS 현상

2008년 투자은행 리먼브라더스가 파산하던 시점에도 진앙지는 모기지 채권 파생상품이었다. 원래 자산가격의 변동위험으로 부터 보호하기 위한 일종의 보험 역할로 파생상품은 시작했다. 그런데 기초자산을 보호하기 위해 구조화된 파생상품이 오히려 기초자산가격 자체에 영향을 주며 2000년대 자본시장에서 왝더독(WAG THE DOGS) 현상이 심해지고 있다. 자본시장을 흔들기 시작한 파생상품을 통한 레버리지(지렛대효과)효과가 금융시장의 위험으로 나타나면서 경제시스템을 위협하는 주요인으로 부상했다.

SPDR S&P 500 ETF Trust Price

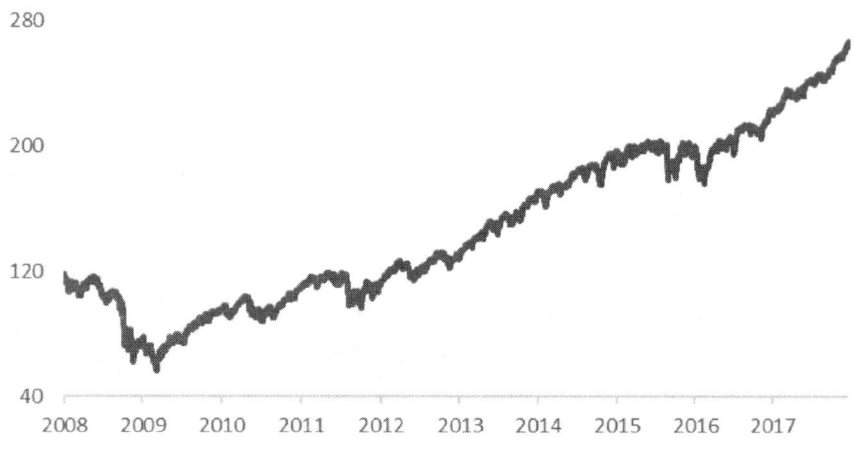

리먼브라더스 파산사태와 함께 파생상품 위험은 가장 우량한 기업들로 구성된 미국 S&P500 주가지수의 – 50% 이상 하락을 가져왔고 이후에 회복에 소요된 시간은 3년 이상이었다. 왝더독 현상을 회복하기 위해 FRB(미국연방 준비은행)의 금리완화 정책은 7년간 실시했으며 자산매입 프로그램은 2017년 4분기에 되어서야 축소할 수 있었다.

시장 실패로 글로벌 중앙은행들은 10년간의 노력을 통해 시장 복구하는 노력이 필요했음에도 불구하고 자본시장에서는 파생상품이 여전히 다양한 형태로 거래되고 있다.

한국 시장에서도 가격 손실 확률이 낮다는 이유로 인기가 높은 편이다. 최근까지 가장 보편화된 파생상품으로 증권사에서 발행한 ELS가 있으며 자산운용사에서 만든 커버드콜 전략을 표방한 펀드들 역시 급격히 성장세를 보였다.

한국 ELS 발행규모

단위 : 백만

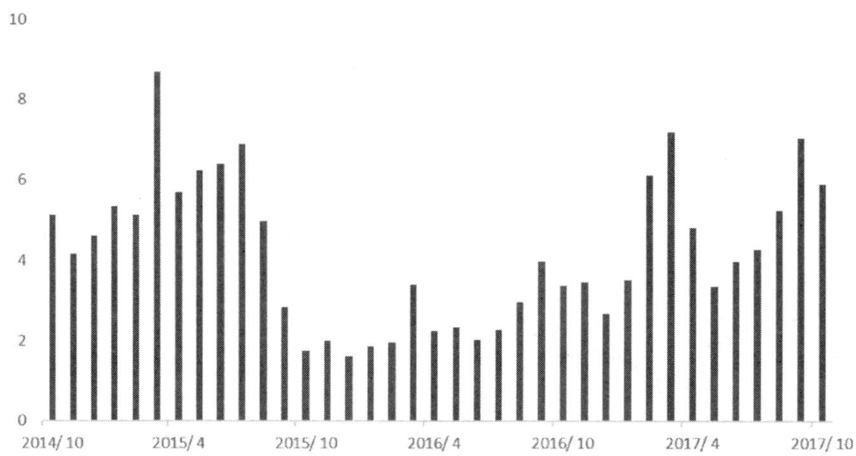

1부 QE(Quantitative Easing) 양적완화, 2017년 자산가격을 관통하다

자산가격에 대한 엇갈린 예측

추천사

전문 기관투자가부터 개인투자자들에 이르기까지 해외 투자는 자산관리의 중요한 요소가 되고 있습니다. 특히 세계의 중앙은행들이 양적완화를 마무리하는 변곡점에서 투자의 어려움은 더욱 증가하고 있습니다. 한국인의 해외 주식투자가 10조원을 넘어서고 외국인의 국내 채권투자 규모가 100조원에 달하는 시기에 글로벌 시각은 투자의 필수 요소가 되었습니다. 글로벌 자산을 다루는 저자가 ETF(Exchange Traded Fund)를 통해 글로벌시장의 생생한 모습을 전달하고자 하는 야심 찬 시도가 투자현장의 여러분에게 큰 도움이 되길 기대합니다.

- 윤용로 / 코람코자산신탁 회장, 전 외환은행장

자산가격에 대한 엇갈린 예측

2008년 이후 양적완화는 자본시장의 필수적인 요소였으나 거의 10년간의 자극으로 투자자들에게는 무뎌진 칼날 같은 존재였다. 하지만 국가별로 정치적인 불확실성이 높아졌는데 대표적인 사례로 미국 트럼프 행정부가 선택된 것이다. 그런데 양적완화가 경기의 강력하게 지지하고 있는 국가의 경우 2017년들어 정책 불확실성에도 상당히 빠른 주가 회복력을 보여주었고 불확실성이 감소할 경우 주가 상승률 역시 높게 나타났다.

미국의 경우 트럼프대통령 취임 이후 변동성 지수(VIX)가 하락세로 전환했다. 한국의 경우 지난해 하반기 큰 폭으로 상승한 한국의 변동성 지수(VIX)불확실성 지수가 탄핵 결정 이후 빠르게 낮아졌다. 2017년 1분기 가장 높은 변동성 지수(VIX)를 기록한 시장은 프랑스였으나 마크롱이 대선에서 승리하며 변동성 하락과 동시에 높은 주가 상승을 보였다.

결국 2016년말과 2017년 초에 주식시장에 대한 비관적인 견해를 제시할 때 국내 증권사들이 많이 사용한 불확실성이라는 요인을 양적완화가 해결한 셈이다.

1. 2016년에 바라 본 2017년

2017년 초까지 KOSPI 지수의 움직임을 두고 가장 많이 쓰인 표현은 박스권 장세가 아니었을까 싶다. 박스권이란 주가지수의 움직임이 하락도 제한적이고 상승 역시 제한적이어서 마치 박스안에서 움직인다는 표현으로 투자 시장으로의 매력도가 낮다는 표현을 함축적으로 전달하는 데는 성공한 단어이다.

그런데 연초의 구체적인(?) 두려움을 뒤로 하고 KOSPI 지수는 이례없는 고점을 기록하고 있다. 2017년 연초에 대부분 국내 시장전망의 핵심은 불확실성이었고, 2017년 한국 주식시장의 박스권 장세 요인에 초첨을 맞춘 보고서를 내기 바빴으나 이 사실을 지금도 기억하는 투자자는 그리 많지 않다.

2016년 12월말 현재 2017년 KOSPI 지수전망

	2016년 전망	2017년 전망
평균	1861~2227	1900~2273
미래에셋증권	1850~2220	1950~2350
NH투자증권	1850~2200	1900~2250
하나금융투자	1840~2170	1950~2350
신한금융투자	1900~2350	1900~2350
삼성증권	1880~2240	1860~2210
한국투자증권	1900~2250	1900~2260
교보증권	1850~2250	1900~2200
대신증권	1700~2100	1900~2300
HMC투자증권	1900~2250	1900~2200
IBK투자증권	1850~2250	1850~2300
동부증권	1900~2320	1860~2250
신용증권	1910~2170	1890~2210
유진투자	1970~2200	1940~2320

1~2년 전부터 사모펀드로 유행하던 전략중에 가장 인기가 있었던 투자전략은 KOSPI 지수의 상단과 하단을 가정해 박스권을 설정하고 투자하는 방법이었다. 즉 박스권에 대한 가정을 통해 상단이라고 판단되는 시점에 매도를 하고 하단이라고 판단되는 시점에 매수를 하는 투자 전략이었으며 단기에 이익을 챙기기에도 좋았다. 이 박스권 투자전략은 마치 절대수익을 추구할 수 있는 것처럼 포장되기도 하였으나 투자자들이 이 전략에 확신을 가질 즈음에 주식시장은 새로운 교훈을 주었다. KOSPI 지수는 한국 주식전문가들의 예상을 깨고 20% 이상 상승한 것이다. 결국 박스권의 상단을 가정하여 하락 가능성에 투자한 투자자에게 주식시장은 커다란 손실을 안겨주었다.

2017년 11월까지 한국 주식시장을 복기해보자. 최근 2년간 가장 중요한 사실은 이전과 달리 글로벌 투자자는 저평가된 한국 주식시장을 내버려두지 않았다는 것이다. 반면에 박스권 장세에 매달린 한국 투자자들은 자국 주식을 팔기에 바빴다. 실제 외국인 투자자는 2016년부터 본격적으로 한국 주식시장 투자를 늘리고 있었다.

외국인 투자비중 추이

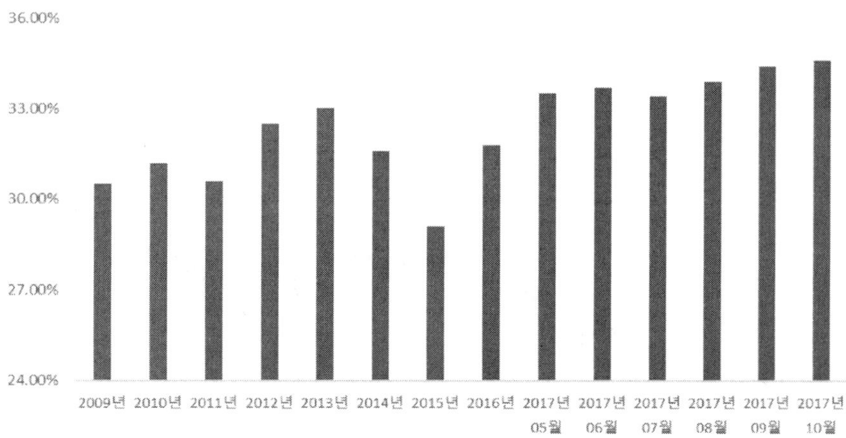

사실 주가를 맞추는 일은 전문가 입장에서도 상당히 어려운 일이며 정답이 항상 존재하지 않는 일이기도 하다. 하지만 투자전문가들 역시 실제 투자를 추천할 때 이미 확인된 혹은 최근까지 정답이었던 전략을 추천하는 것이 안전하다. 2017년과 같이 외국인의 투자확대라는 요소가 중요한 시기에 이를 반영하지 않고 기존 정답을 고수한다면 투자 손실을 피할 수 없다.

2. 한국 투자자의 실수

2016년부터 외국인 투자자가 한국시장에 대한 투자를 늘리기 시작한 시점부터 우리가 잘못한 것은 무엇일까?

단순히 한국 주식을 박스권 상단이라고 한 시점에 매도한 것 혹은 한국 주식시장이 매력적이지 않다고 이야기한 국내투자 전문가의 의견을 신뢰하고 투자를 외면한 것이 잘못은 아니다. 오히려 그 동안 박스권을 거듭했던 한국시장에서 경험에서 나오는 수익을 지키기 위한 합리적인 행동에 가깝다고 보는 것이 맞다. 대부분의 한국 투자자는 각국 중앙은행들이 양적완화를 통해 투자자들에게 주는 자산가격의 변화에 대한 메시지를 과소평가한 것이다.

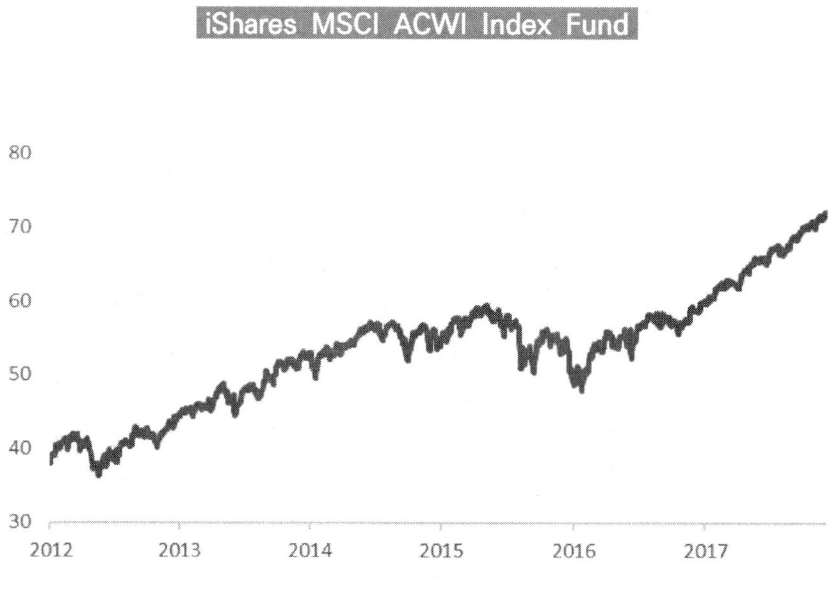

양적완화를 통해 투자 위험이 낮아졌으니 새로운 RRP(Risk-Return Parity, 위험조정 수익률)를 계산해보라는 메시지였던 것이다. 즉 우리는 투자자가 원칙적으로 해야 할 자산배분을 잘못했을 뿐이다.

양적완화로 이미 글로벌 주식시장은 5년 전부터 선진국 주식을 중심으로 그 가격이 두드러지게 상승하고 있었다. 특히 최근 2년간은 신흥국 주식들까지 가세하여 상승세를 만들어 내고 있다. 반면에 리먼사태로 인하여 해외투자에서 큰 손실을 경험한 한국 투자자들은 양적완화가 글로벌 자산시장에 주는 메시지를 활용하는데 소극적일 수 밖에 없었다. 한국 고객을 상대하는 아무리 뛰어난 PB(Private Banker)라 할지라도 망설이는 시간이 꽤 길었을 것이다.

자산배분을 통한 수익 효과는 글로벌 주가지수를 활용하면 쉽게 계산해 볼 수 있다. 최근 5년간 52.07%(iShares MSCI ACWI Index Fund 기준, 배당수익 제외)의 수익률을 기록했다. 연평균으로 10.41%정도 수익이 났지만 2017년 11월 30일 현재, 1년간 KOSPI 수익률에 미치지는 못한다. 하지만 5년 기간 전체로 보면 이야기가 달라진다. 5년간 KOSPI 수익률이 28.11%이므로 연평균으로 5.6% 수준에 불과하여 양적완화의 효과가 제대로 작용한 글로벌 시장에 자산배분을 통해 연간으로 추가 획득 가능한 수익률은 4%가 넘는 것이다.

자산배분을 통한 연평균 초과 수익(최근 5년)
<u>10.41%(iShares MSCI ACWI Index Fund) - 5.62%(KOSPI INDEX) = 4.79%</u>

3. 안전자산의 변심

우리가 안전하다고 가정하는 대표적인 자산은 정부가 발행한 국채나 금, 은과 같은 귀금속 류이다. 실무적으로 투자자 입장에서도 신용등급이 높은 국가나 기업이 발행한 채권을 낮은 수익률에도 불구하고 투자 손실확률을 낮출 목적으로 편입한다.

고성장 시대가 끝난 한국은 경제 성장률이 둔화되면서 투자의 기회와 수익률이 낮아지고 있다. 게다가 미국의 투자은행 리먼브라더스의 파산으로 큰 폭의 손실을 경험한 한국 투자자들에게 가장 인기 있는 주제는 적더라도 확실한 수익을 보상하는 투자전략이다. 확실한 수익보상을 요구하다 보니 수익률이 낮아지는 것은 당연하다. 그러나 대부분의 투자 수요가 그런 쪽으로 몰리다 보니 국내 투자수단은 최소 요구수익률을 보상할 수 있는 확정수익 투자상품이 사라지고 있다.

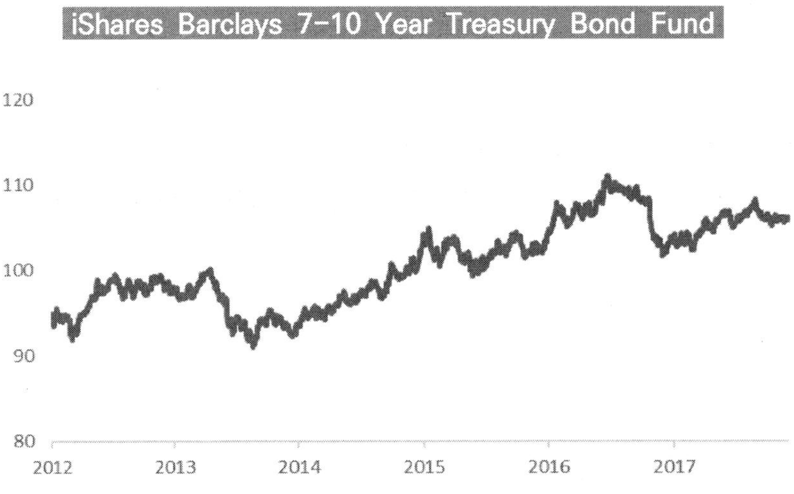

최근 들어 세계에서 가장 안전하다고 평가 받는 미국의 국채 가격을 보면 더 이상 안전하다고 느낄 수 없게 되었다. 이른바 안전자산이 더 이상 안전자산이라고 보기 어려운 것이다.

확정수익을 표방하는 투자상품의 대부분은 손실 확률이 매우 낮을 뿐 실제 손실 가능성이 전혀 없을 수는 없다. 손실 가능성을 조절하기 위해서 투자 손실의 범위와 시기를 조율하는 수단으로 쓰이는 파생상품이 활용되고 있다. 파생상품이 다양해지고 복잡해지면서 때로는 불완전판매 이슈가 사회적인 문제로 확대되기도 한다. 파생상품의 이해가 어렵기 때문에 금융상품 판매 직원이 100% 이해한다는 것이 현실적으로 어려운 경우도 존재하므로 투자자는 항상 조심해야 한다.

콜옵션의 가치

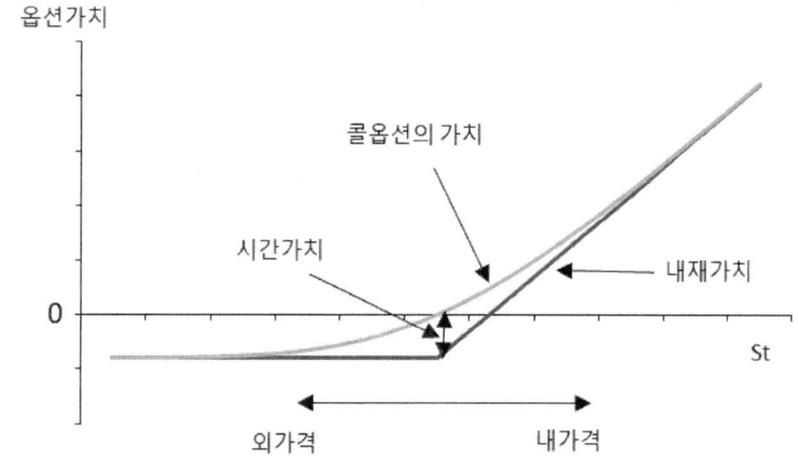

또한 목표로 하는 투자수익을 제공하기 위해 파생상품을 활용하는 투자전략은 대부분은 레버리지 기능이나 위험헤지 기능을 내재화하고 있다. 미래의 손익을 배가 되게 하거나 미래의 손실을 축소할 수 있는 기능은 시간의 가치에 민감하다. 즉 투자 기간의 기회비용인 금리에 민감하게 되는 것이다. 가장 인기가 높았던 금융 상품중 하나인 커버드콜 펀드 역시 금리 인상이나 기초자산 가격의 급격한 변동성에 따라 시간 가치의 반영이 아주 크게 나타날 것이다.

커버드콜의 전략(80% 기초자산매수)

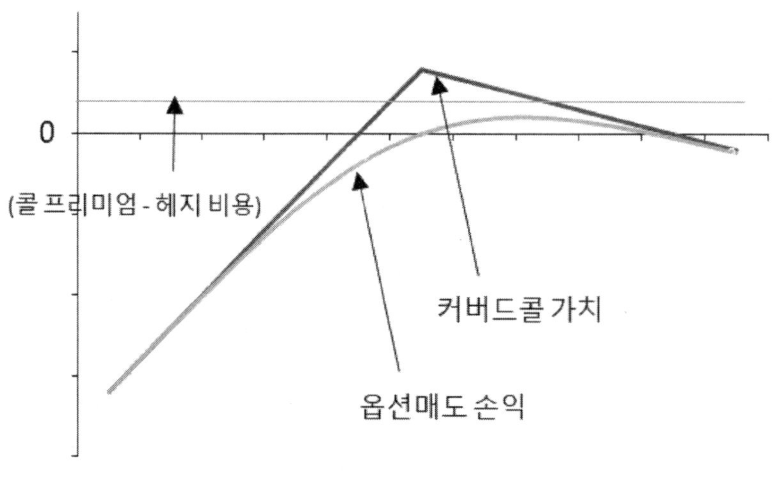

우리가 살고 있는 시대의 세계 경제 중심지는 미국이다. 미국의 금리 정책은 지구반대편에 있는 한국의 금리에도 실로 엄청난 영향력을 행사한다.

소규모 개방경제인 한국의 경제구조는 글로벌 경기에 노출도가 높은 수 밖에 없다. 여기서 한국인의 안전자산 문제도 발생하게 된다. 한국인의 대표적인 안전자산은 국내뿐만 아니라 해외에서도 거래되는 KTB(Korea Treasury Bond)라고 불리는 정부 발행 국채이다. 2017년 3분기부터 미연준(FRB)의 금리인상 가능성을 두고 그 효과로 이미 한국채권 투자자들은 손실 우려가 증가하고 있다.

4. 폭발적인 글로벌 투자

10년 전에는 국내 주식형펀드가 대부분의 투자자에게 훌륭한 수익을 가져다 주는 대표적인 금융상품이었다. 10%에 가까운 경제성장률을 보여주던 중국시장관련 펀드는 한국 투자자가 해외투자를 쉽게 시작할 수 있는 창구 역할을 했다.

하지만 2008년 이후 글로벌 경기사이클은 하락세로 접어들었다. 거대한중국 경제에 매료된 한국의 많은 투자전문가들은 중국은 다르다고 주장했다. 안타깝게도 중국 펀드에 많은 돈을 투자했던 개인투자자들은 큰 손실을 경험했고 해외투자를 외면하기 시작했다. 중국 주가지수가 50% 넘게 하락하는 시기를 겪으며 해외투자팀을 구성하던 증권사, 자산운용사들 역시 해외투자 전문가 양성에 소극적일 수 밖에 없는 한국 금융투자 업계 분위기가 형성되기도 했다.

중국 주가지수 추이

세계경기 사이클의 회복에도 한국 주식시장은 박스권을 거듭함에 따라 위험자산에 대한 국내 수요가 여전히 부족했던 시기가 2014년 이었다. 글로벌 주식시장은 회복 사이클을 넘어 호황국면으로 접어들 수 있다는 낙관론까지 부상하였다.

따라서 금융투자업계와 정부의 정책수요를 기반으로 해외투자를 장려하는 한시적인 정책이 2016년부터 시행된다. 해외주식형펀드에 대한 비과세 정책이었으나 초기에는 과거 실패경험으로 개인투자 고객들의 수요는 미진하였다. 펀드판매사들은 2017년 비과세 일몰시한을 두고 절판 마케팅에 돌입하며 해외투자를 장려하고 있는 중이다.

해외투자펀드 순자산총액

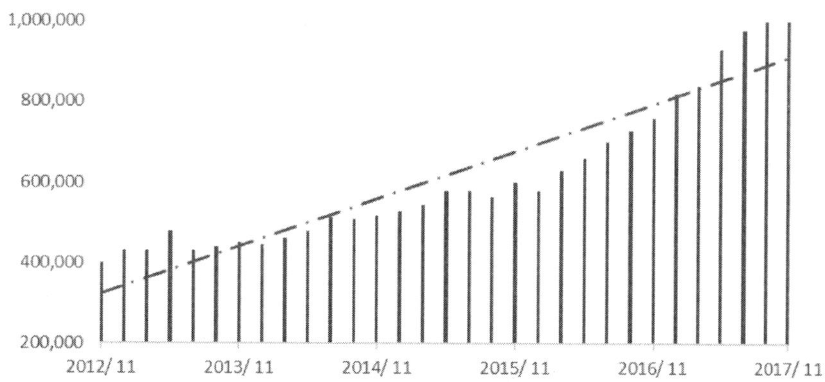

국내 대형 기관투자자들과 전문 투자자들은 국내 주식시장에 머물지 않고 이미 해외투자에 열을 올리고 있다. 국내 주식시장은 글로벌 주식시장의 2%에도 미치지 못하는 작은 시장이다. 따라서 글로벌 자산 가격의 움직임을 잘 활용할 수 있는 경우의 수를 확대하기 위해서는 해외투자는 필수이다. 또한 학술적으로도 효율적으로 위험을 낮추기 위해서라도 해외 투자를 병행할 수 밖에 없다.

2010년 이후 국내 투자가들의 해외 투자규모는 꾸준히 증가하고 있다. 개별 투자위험에 노출되는 특정 기업에 투자하는 형태보다 국가별 혹은 테마별로 투자 가능한 ETF를 선호한다. 다양한 종목이 지수형태로 구성되어 있는 ETF의 경우 위험이 분산되어 있으므로 투자위험을 낮추는 이점을 활용하고 있는 것이다.

해외 금융투자 차이

단위 : 일 억원

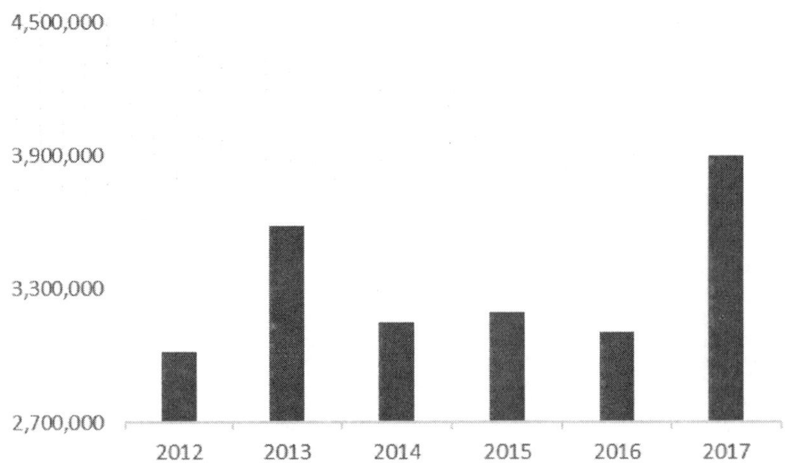

5. 새로운 기술에 대한 열광

금융, 기술, 플랫폼 그리고 ETF

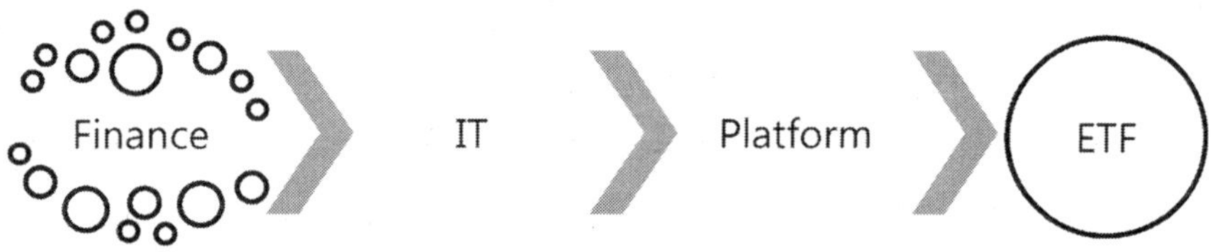

Finance(금융)

미디어에서 언급되는 경제관련 용어 중 인기 있는 단어들 중 하나가 핀테크(FinTech)이다. 금융(Financial)과 기술(Technology)의 합성어로 핀테크를 통해 금융의 IT화를 지향하는 측면이 강하다. 핀테크라는 용어를 동원하지 않아도 이미 IT는 금융산업의 효율성을 확장하는데 큰 역할을 하고 있다.

요즘 ATM(Automated teller machine)을 제작하거나 운영하는 업체들의 경기가 매우 어렵다고 한다. ATM기기가 창구에 근무하는 직원을 대체했던 것처럼 인터넷뱅킹이 ATM기기를 대체하고 있다. 최근 현금 결제를 신용카드가 대체했던 것처럼 스마트폰을 기반으로 한 모바일 결제가 신용카드를 대체하고 있다. 즉 금융의 가장 기본적인 기능들을 IT가 대체하고 있는 셈이다.

▌IT(기술)

2차 산업혁명이 규모의 경제를 획득하기 위한 생산의 표준화를 시도하여 많은 대규모 산업들을 탄생시켰다. 3차 산업혁명은 IT를 기반으로 서비스의 표준화에 성공한 기업들이 거대한 기업가치를 보유하고 있다.

4차산업혁명이라고 각색된 최근의 산업 구조는 3차 산업혁명의 그것과 다르다고 주장하는 사람들이 늘어나고 있다. 특히 4차산업혁명의 성공방정식이 자본과 인력의 측면에서 차별화된 양상을 보이고 있다. 요즘에도 여전히 자본과 인력은 실리콘밸리로 모이고 있으나 AI라는 형태의 인공지능 서비스와 Big Data라고 불리는 데이터 처리능력이 그것이다. 인간의 감성을 분석하여 정량화하고 인간의 한계를 넘어선 정보의 양을 처리하여 분석하는 인간의 영역을 넘어서 표준화하는 중이다. 특히 우리에게도 친숙한 페이스북(Facebook)·아마존(Amazon)·넷플릭스(Netflix)·구글(Google)이 FANG이라는 그 상징적인 위치를 점하고 있다.

4차산업혁명 기업의 변화

	설립 초기			현재		
	설립자	설립년도	초기형태	주요 사업, 수익원	누적 가입자	2016년 매출
Facebook	마크 저커버그	2004년	인맥형성 웹사이트	-모바일 광고 -VR, AR 동영상 콘텐츠	20억명	276억달러
amazon	제프 베조스	1994년	온라인 서점	-온라인 커머스 -AI, 클라우드 서비스	8000만명	1359억달러
NETFLIX	마크 랜돌프, 리드 헤이스팅스	1997년	비디오 택배 대여 서비스	-유료 동영상 -TV 드라마 등 콘텐츠 제작	9875만명	88억달러
Google	래리 페이지, 세르게이 브린	1998년	인터넷 검색 서비스	-인터넷 광고, 안드로이드 OS -AI, VR, 클라우드 서비스	25억명	894억달러

▎Platform(플랫폼)

FANG과 같은 플랫폼 기업들이 금융과 기술을 결합하여 핀테크라는 새로운 영역을 개척하거나 진출하고 있다. 그 이유는 기존의 비즈니스와 크게 다르지 않은데 기인한다. 이 기업들의 서비스 핵심이 정보의 거래구조를 새롭게 혁신하여 소비자로 하여금 해당 회사의 플랫폼에서 정보를 거래하도록 하는 것이다. 금융정보 역시 이 기업들의 플랫폼에서 거래될 수 있도록 한다면 FANG의 기업가치 역시 확장될 것이다. 다만 플랫폼을 기반으로 한 금융관련 기술 기업들이 다양해지고 있다. 특히 정보를 집적화하는 로보어드바이저 서비스의 경우도 IT서비스에 가까운 형태로 진화하여 IT회사 플랫폼이나 금융회사 플랫폼에서 서비스되고 있다.

로보어드바이저의 역할 : 이상과 현실

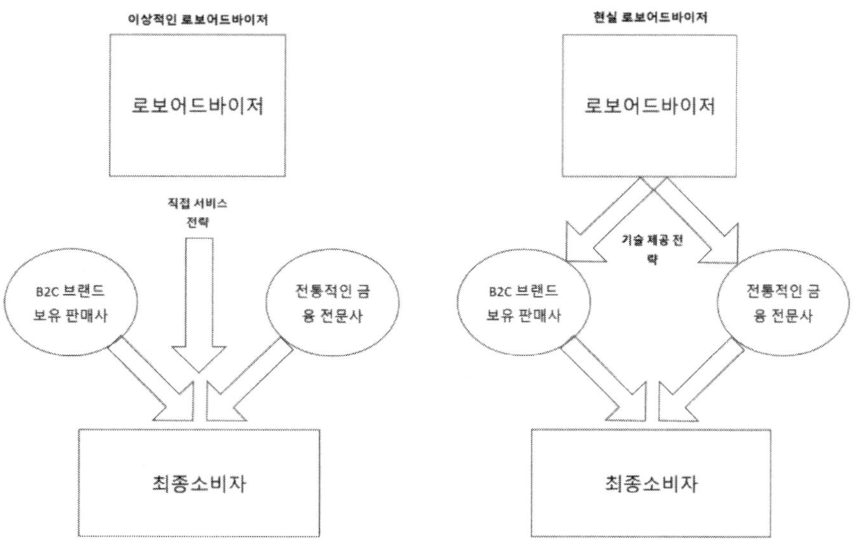

❙ ETF(상장지수펀드)

현재 자본시장에서 FANG과 같이 시장의 이노베이션을 담당하는 역할을 하고 있는 것은 ETF이다. 금융 수단이면서 기술적으로 편리하며 플랫폼을 형성하다 보니 ETF는 빠르게 시장에 자리잡고 있다. 또한 ETF는 그 자체로 투자 수요자의 요구를 쉽게 디자인 할 수 있어 다양한 자본시장 플랫폼에 적합하게 진화하는 중이기도 하다.

미국시장에서는 기존 펀드시장을 대체하고 있고 한국에서도 이미 그 성장세는 확연하다. 혁신적인 기술은 폭발적으로 수요가 증가하지만 전문가가 많지 않은 것처럼 ETF 역시 아직 전문인력이 많이 부족한 것이 현실이다. 실제 ETF를 개발하거나 ETF 포트폴리오 구조화를 할 수 있는 인력은 한국에 아직 많지 않은 편이다. 자본시장의 기술 발전 역시 기술을 활용하는 몫은 결국 사람에게 있다.

한국시장 ETF 규모 추이

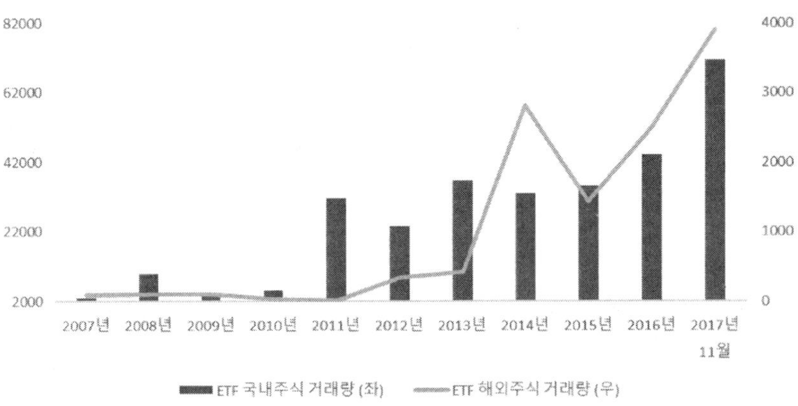

6. 글로벌 자산가격의 실제

2017년은 자산가격 측면에서 역사적으로 흥미로운 시기였다. 특히 2000년대 들어 지역적으로 가장 넓으면서 수익률은 평균적으로 좋은 성과를 낸 해이다. 경기 회복이 완만하던 2016년 까지는 지역별로 성과의 차별화가 뚜렷했다. 구체적인 성과 분포를 보면 선진국에서는 미국과 유럽이, 신흥국에서는 인도와 중국이 강세를 보였다. 주가가 강세인데도 불구하고 원자재 가격은 성과가 지지부진했다. 특히 유가는 등락을 거듭하며 변동성만 커질 뿐 경기 회복을 반영하지 못했다. 또한 미국의 금리 인상에도 달러는 약세 구간에 위치하고 있다.

글로벌 대표자산 수익률

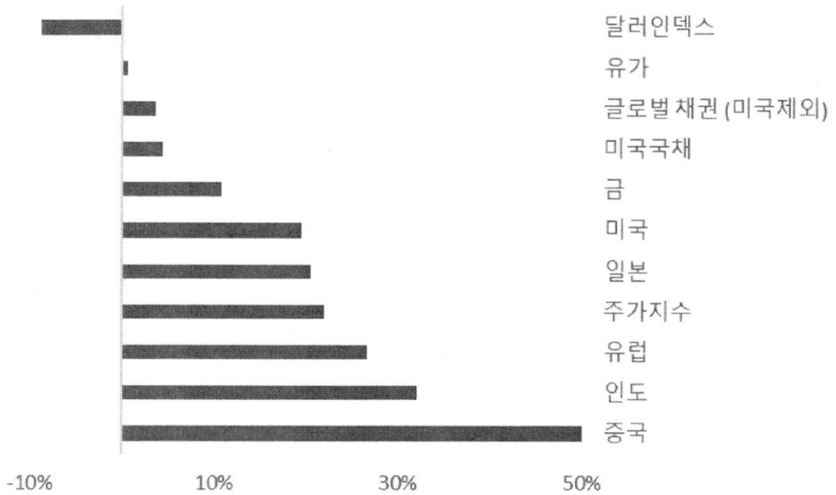

금융자산 VS 비금융자산

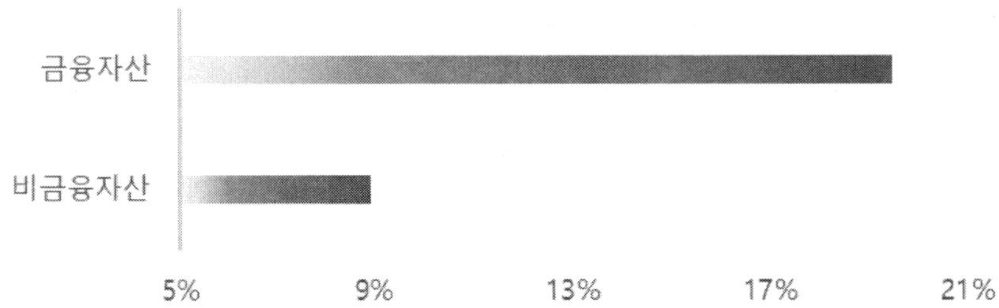

각국 중앙은행의 양적완화 정책은 화폐자산의 가치의 하락을 가지고 왔으며 비금융자산 특히 부동산 가격을 부채질하며 미국의 경우 리먼사태 이전의 가격 수준으로 회복했다. 2017년은 글로벌 주식시장 호황으로 금융자산의 성과가 독보적으로 나타났다.

주가 VS 부동산

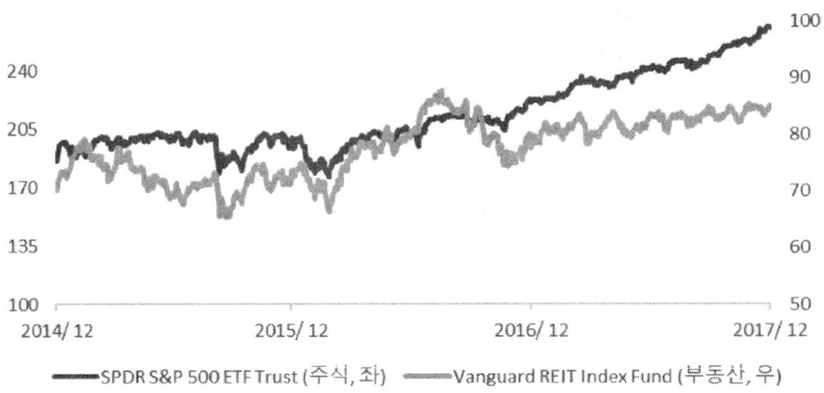

▌주식시장 vs 채권시장

전혀 다른 자산이긴 하지만 채권시장의 금리는 주식 투자자에게 매우 중요한 요소이다. 자금수요 측면에서의 채권금리 방향, 즉 정책금리가 상승하게 되면 기업이 차입하는 금리가 상승하여 기업이익에 부정적인 영향을 주게 된다. 투자수요 측면에서는 채권시장 금리가 상승하면 채권금리 이상을 요구하는 주식투자자들의 요구 수익률도 추가 상승하여 주식 밸류에이션(실적대비 주가수준)이 나빠진다. 투자자들은 안전한 국채 대신 주식을 보유하는 대가로 초과 투자수익률 (Equity Risk Premium)을 요구해왔다.

현재는 미국의 금리인상 사이클이며 실제 양적완화를 종료한 시기이다. 인플레이션 위험이 낮아지면서 2017년은 금리 상승속도가 둔화된 대신 기업이익의 상승속도가 더 빠르게 나타난 시기이다. 따라서 채권에서 수익이 보합권에 머물 동안에도 주식의 수익률은 상당히 강하게 나타났다.

미국주가 VS 미국채권(10년)

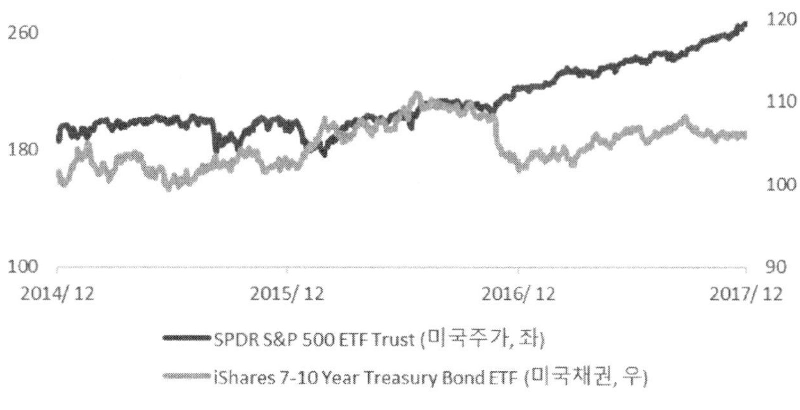

2분기에는 한국의 월별 채권 거래대금이 2개월 연속 줄어들기 시작하면서 채권 시장에 대한 우려가 증가하였고 실제 5월에는 30조원 아래로 떨어졌다. 반면 코스피지수는 사상 최고치를 넘어서며 주식 거래대금이 9조원을 상회했다. 3분기 들어서면서 미국의 금리 인상에 대한 기대감이 낮아지는 듯 했으나 11월에 한국은행이 금리를 전격적으로 올릴 가능성이 높아지는 것을 계기로 본격적으로 한국 채권시장의 변화가 일어났다. 특히 외국인의 채권 매도세가 촉발된 이후부터는 주가의 상대적인 강세가 지속되는 듯 했으나 주식형 펀드에서 유출된 자금이 많아지면서 머니마켓펀드(MMF) 설정액이 130조원을 돌파하면서 주식시장으로의 대이동은 발생하지 않았다. 최근 4분기는 상당히 중요한 외국인 자금의 이동이 시작되었다. 원화의 초강세에도 외국인의 한국 채권매도에 이어서 주식매도가 증가하는 것은 한국 자산에 대한 기대감이 낮아지면서 차익실현에 나서고 있는 상황이다.

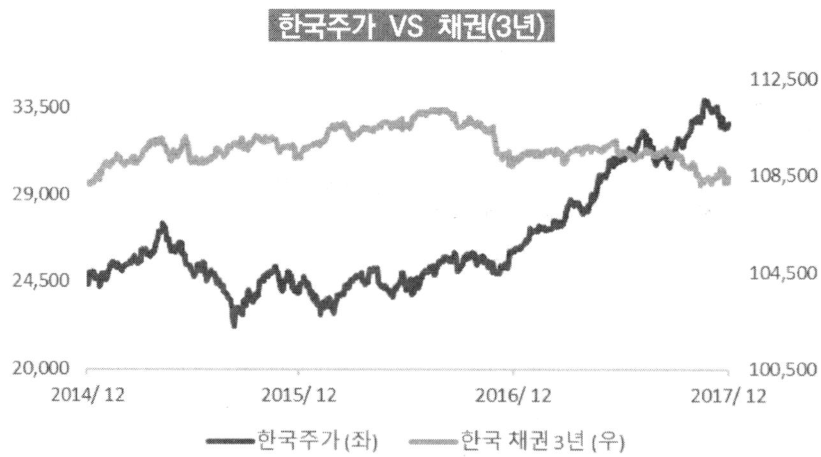

▌미국 주식 vs 글로벌 주식

2017년 주식시장은 정치적 이슈가 자주 부각되면서 시기별로 국가간 성과 차별화가 심화되었다. 미국의 선거 스캔들, 유럽의 브렉시트, 북한의 핵무장 가능성 등에 대부분 글로벌 주식시장은 반응했다. 미국 주식시장은 정치적 위험과 금리인상에 따른 높은 밸류에이션 논란이 더해졌으나 고용과 주택 경기지표가 상승세를 확인하며 꾸준한 경기 회복세가 주가에 반영되었다. 연말에 세금개혁과 내년의 공격적인 인프라투자를 주도하고 있는 트럼프 행정부는 미국 주식시장을 견인하고 있는 상황이다. 미국을 제외한 지역의 경제 성장률 회복이 느린 경향이 있어 주가 역시 시장별로 가격 변동성이 높은 구간을 지나는 중이다.

미국 주가 VS 글로벌 주가 VS 미국제외 글로벌

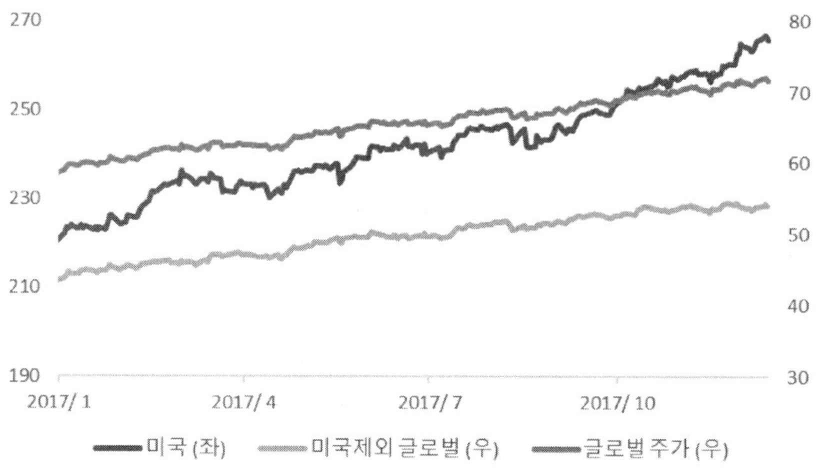

▌신흥국 주식 vs 한국 주식

선진국에 비해 신흥국들의 주가 회복은 늦게 시작되었으나 단기에 높은 수익률을 기록하고 있다. 5년간의 수익률 침체 구간을 지난 한국 주식시장은 최근 2년간의 외국인 투자자금으로 2017년에 상당한 강세를 보였다. 다만 과거 외국인의 자금 유입 이후에 단기 투자 수익률이 높게 나타나는 경우 신흥국 주식시장에서 선진국 자금이 빠져나가는 경우가 종종 있었다. 즉 상대가격이 높아지는 경우 글로벌화 된 주식시장에서 자산재조정 현상이 나타나는 것인데 한국을 비롯한 신흥국 주식시장에서 이러한 현상이 최근 나타나고 있다. 글로벌 시장의 동조화 현상이 심해진 최근 장세에서는 글로벌자산을 다루는 포트폴리오 운용자는 상대가격 변화에 따른 자산재조정을 통한 수익률 확정을 통해 성과 변동성을 낮출 수 있다.

❙미국채권 vs 글로벌 채권

IMF가 최근에 발표한 세계경제전망 보고서에도 나타나 있듯이 글로벌 경제 성장률 추이는 올해가 강력한 반면 내년의 회복 속도는 둔화된다. 미국의 경우는 비슷한 기조를 보일 것으로 나타나지만 미국 채권 투자자는 금리 인상속도는 부담스러울 수 있는 시기이다. 미국을 제외한 글로벌 채권의 경우 상대적으로 금리 인상 속도가 늦어질 가능성을 감안하고 있다. 유럽을 비롯한 선진국들의 경기 회복속도에 대한 기대감이 낮아지고 상대적으로 신흥국의 성장기대치가 높아진 상황이다.

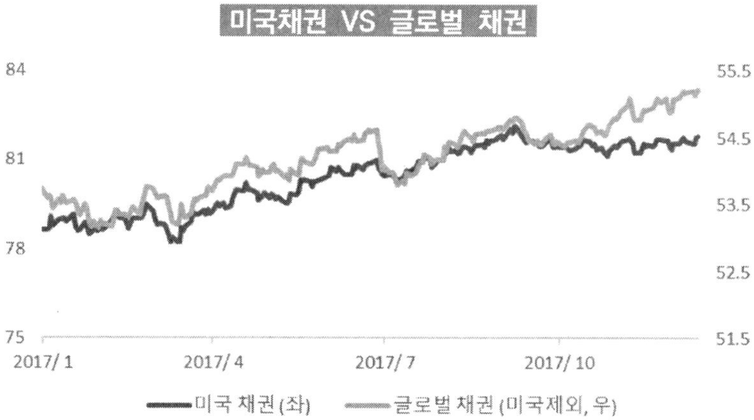

❙ 신흥국채권 vs 한국 채권

오랜시간 동안 지속된 양적 완화로 실질 경제 성장률을 가늠하기 어려운 시기가 지나가면서 신흥국들의 경제성장률이 회복되는 사이클에 접어들고 있다. 실제 신흥국들의 경제지표가 호조를 보이고 있는 데 비해 신흥국 채권은 금리도 상당히 높은 편이다. 신흥국의 경제 성장률이 5~10%대에 이르다보니 금리 역시 유사한 수준을 국채 투자자에게 보상을 한다. 하지만 한국의 경우 경제 성장률이 2~3%에 머물러 국채 수익률은 당연히 낮아 금리 인상시 채권 가격 하락 위험이 상대적으로 높은 편이다. 다만 유동성 위험이 높아진다면 금리보다 환율 위험이 부각될 가능성이 높으므로 단기적으로는 신흥국 채권 투자 수익률은 금리보다 환율에 민감하게 반응하는 경향이 있다.

▌주가 지수 vs 원자재 지수

2012년 우리는 미연준의 대차대조표 확대, 중앙은행의 자산매입을 통한 시장안정화 정책을 목도하게 된다. 이러한 상황은 우리가 일반적으로 알고 있는 상식을 깨게 되는데 원자재 가격이 하락하는데 주가는 상승을 하는 특이한 경험을 하게 되었다. 이론적으로 보면 통화정책(양적완화) 등을 통한 경기부양은 글로벌 금융 시스템에 막대한 유동성을 투입하여 금융자산으로 직접적으로 자금을 공급하면서 주가와 원자재 가격을 상승시키게 된다.

그러나 2017년 미연준의 대차대조표 축소 정책 발표로 원자재 가격은 반등하기 시작한다. 이론적인 주가와 원자재 가격 사이의 상관관계를 회복하는 시기가 시작된 것이다.

글로벌 주가 지수 VS 원자재 지수

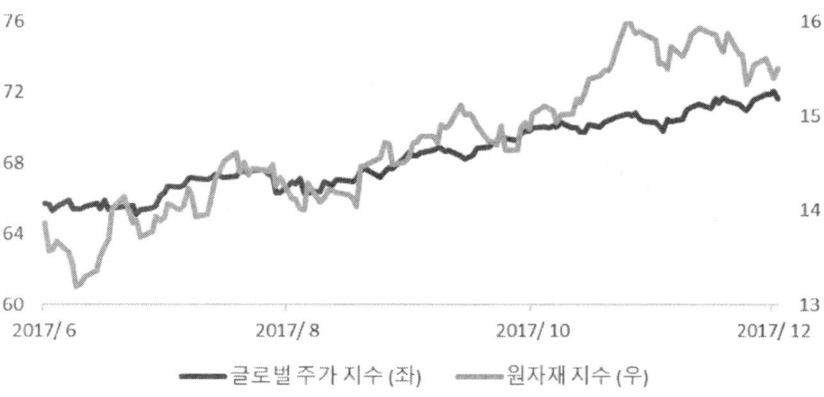

▌미국 국채 vs 환율

전통적으로 강한 달러를 기반으로 글로벌 자금은 미국으로 모이게 되어있었다.또한 이렇게 유입된 자본은 미국의 주가상승과 시장 금리 하락을 가져오는 선순환을 연출해 내었다. 결국 실물경제에서 소비증가와 투자증가를 통해 수입증대를 강화시켜 경상수지 적자 확대를 통해 전 세계 동반성장이라는 순환고리를 만들어 내었다. 그런데 2008년 세계금융위기 이후 양적완화를 선제적으로 실시한 미국 달러화는 2010년 이후 약세의 길을 걷게 된다. 2013년 미연준의 버냉키 의장이 양적완화의 종결 가능성을 시장에 내비치며 급격한 달러화가 강세를 보였으나 통화시장은 이내 안정을 찾았다. 하지만 문제는 2017년 하반기 미국의 인플레이션 회복 가능성과 실업률의 유례없는 하락은 미연준의 금리인상 가능성을 높였으나 미국 달러의 추가 강세를 견인하지는 못하고 있다.

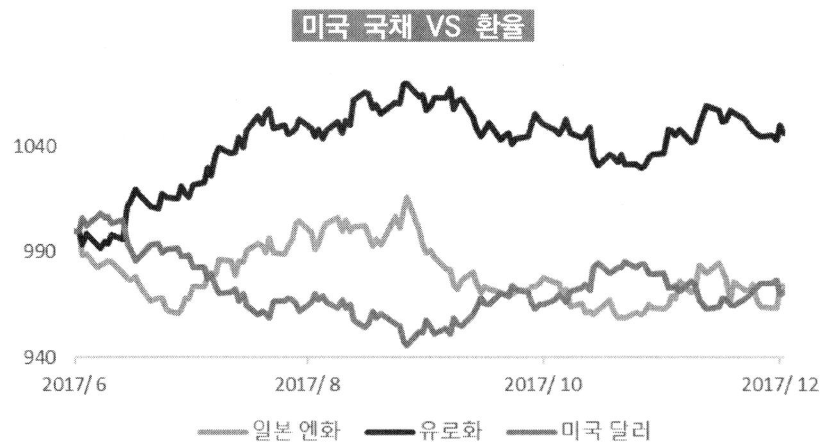

▌미국국채 vs 헤지펀드 인덱스

정책 금리 인상에도 크게 움직임이 없던 헤지펀드들이 3분기부터 미국 채권을 공매도(short selling)하는 움직임이 나오기 시작했다. 이유는 2017년 10월 시작되는 연준의 대차대조표 축소가 2013년에 발생한 이른바 '버냉키 쇼크'와 같은 시장 충격을 예상했기 때문이다. 헤지펀드의 공매도 전략은 시장 충격을 통하여 수익을 창출할 수 있는 확률 게임이다. 즉 시장의 위험이 위험자산 뿐만 아니라 안전자산인 미국국채에서도 충분히 나타날 수 있음을 보여주는 대목이며 실제 시장의 체계적인 위험을 회피하는 헤지펀드 전략의 방향성을 보여주는 사실이다. 다만 북핵리스크와 같은 지정학적 위험의 부상은 오히려 헤지펀드의 미국국채 공매도 전략의 위험을 높여주는 이벤트이므로 상대적인 위험의 변화는 2018년에도 중요한 요인이 될 가능성이 높다.

미국국채 VS 헤지펀드 인덱스

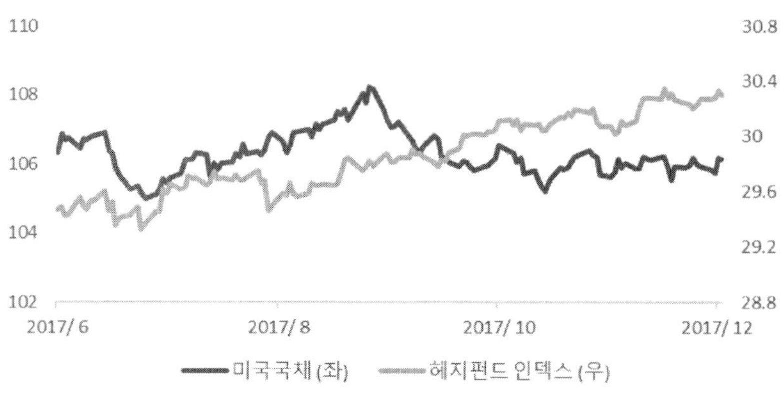

2부 Why or Where 왜, 2018년에 투자트렌드가 바뀌는가?

2018년의 성과의 결정요인 : QBT(Quality, Benchmark, Trend)

추천사

2018 새해,수익률 전쟁이 벌어지는 금융세상은 여전히 변덕스럽고 어지러울 것이다.내 돈은,그리고 내가 지켜줘야 하는 사람들의 돈은 어디로 가야 할까? 다행히 우리 주변에는 무질서해 보이는 현상에 도전하여 결국 의미 있는 통찰을 보여주는 사람들이 있다.저자 서문진도 축척된 내공과 타고난 성실성으로, 글로벌 시장에서 무슨 일이 벌어지고 있고 내 돈에 어떤 영향이 올 건지를 끊임없이 읽고 차곡차곡 정리해 내는 능력을 가졌다.이 책과 함께 2018년 금융세상을 말끔히 정리된 서랍처럼 시작해 보는 것은 어떨까?

- 임보혁 / 신한금융지주 CFO

2018년의 성과의 결정요인

: QBT(Quality, Benchmark, Trend)

▌Quality 자산의 질

현재 시장의 문제는 글로벌 주식시장의 밸류에이션(실적대비 주가수준)이 상당히 높다는 것이다. 자산의 질이 좋을 경우 투자자는 높을 밸류에이션을 이해하지만 그렇지 못할 경우 해당 자산을 매도하려 들 것이다. 현재 미국과 중국의 자산의 질(Asset Quality)의 차이점을 보자.

우선적으로 미국의 개별 자산의 가격 변동성은 낮으며 가치 보존적인 측면에서 우월하다. 반대로 중국의 자산의 경우 선진국 자산 특히 미국의 자산보다 가격불확실성이 높다. 미국은 경제성장률이 회복하여 상승하는 국면에 있지만 중국은 경제성장률이 높은 대신 감소하는 추세를 그리고 있다. 실질적으로 글로벌 투자자금이 미국 시장으로 향하는 것과 트럼프 정부의 국내 투자유인 정책이 강력하게 힘을 발휘하고 있다. 반대로 중국의 시진핑 정부는 해외로 자금 유출 방지 정책을 구체화하고 있으며 많은 규제를 실시하고 있다. 구조적인 측면에서 미국은 2008년 금융위기를 계기로 강력한 금융산업의 레버리지 규제를 실시했으나 최근에 들어서야 규제를 완화를 시작했다. 반면 중국은 과잉 투자를 해결하기 위해 지방정부 부채와 레버리지 자산관리 상품에 대한 강력한 규제를 시사하고 있다.

❙ Benchmark 벤치마크

글로벌 시장의 투자자들은 셀 수 없이 많기도 하지만 참여자 역시 끊임없이 변화한다. 글로벌 투자자의 기대를 동시에 파악하고 자본시장의 가격을 완벽하게 이해하기는 어렵다. 특히 2018년의 경우 성장률의 기대치가 높은 시기이므로 투자의 목적 즉 벤치마크가 분명해야 한다.

물론 소위 효율적 시장가설에서 주장하는 자산의 가격에는 모든 투자정보가 바로 적용된다는 논리를 믿게 되는 순간 투자자는 노력할 유인을 잃게 된다. 반면에 글로벌 투자의 경우 불확실성이 높아지는 대신 분산투자 효과가 극대화되기 때문에 투자를 위한 노력에 대한 보상이 확실해진다.

2018년은 미국주식시장의 높은 밸류에이션과 중국의 성장률 저하가 복합적으로 논란이 될 수 있는 시기이다. 건전한 경기회복에도 시장 변동성을 동반할 수 있는 시기이므로 투자 방향의 기준점이 필요하다.

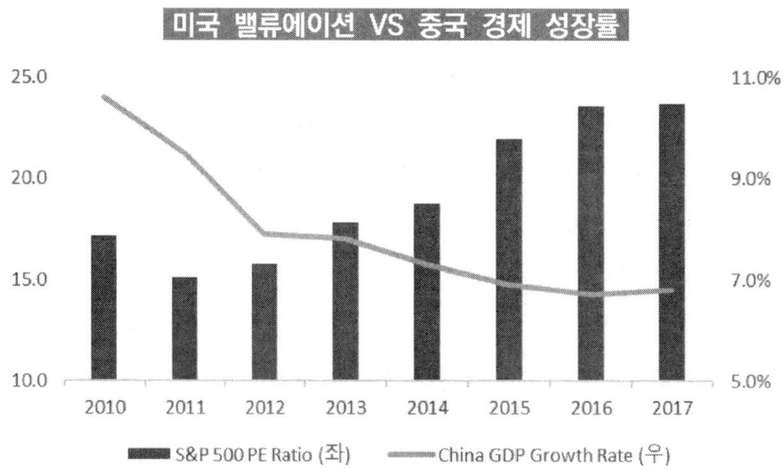

구체적으로 글로벌 자산가격에 대해 관심을 가지는 투자자는 글로벌 벤치마크를, 국내 자산가격에 대해만 관심이 있다면 국내 벤치마크를 정해서 투자를 시작해야 한다. 그 이유는 글로벌 경기와 한국의 경기 상황이 금리를 기초로 달라질 가능성이 높기 때문이다.

또한 시장의 위험이 확대되는 구간에 있는 투자 환경에서는 분산투자의 경우의 수를 높여서 다양한 투자 수단을 확보한 투자자와 그렇지 못한 투자자의 투자위험은 극단적으로 차이가 난다. 결국 벤치마크를 잘 활용해서 분산투자를 얼마나 잘해내느냐가 2018년의 성과를 결정할 가능성이 높아졌다.

▎Trend 트렌드

대부분 투자자들은 항상 트렌드를 파악하기 위해 노력한다. 일반적으로 주식시장에서는 개별 주식을 투자하는 경우가 많지만 전문가들은 대부분 다양한 위험을 분산하기 위해 전체 시장을 대상으로 포트폴리오를 구성하여 투자한다. 이 포트폴리오에 제대로 된 트렌드를 입힌다면 투자의 성과를 개선하는데 혹은 위험을 줄이는 데 큰 기여를 할 수 있다.

구체적으로 한국주식시장을 예를 들어보면 삼성전자를 비롯한 제조업 중심의 시장이다. 즉 제조업의 경쟁력을 제대로 검토한다면 한국 주식시장에 대한 트렌드 분석의 절반은 성공한 것이다. 나아가서 한국 제조업의 경쟁력을 검토하려면 세계의 공장인 중국을 보면 판단이 쉬워진다.

한국주가지수와 삼성전자

글로벌 제조시설이 중국으로 집중되어 가고 있으며 중국의 경제 성장률에도 제조업 성장률의 기여가 중요한 위치를 차지하고 있기 때문이다. 중국 제조업은 이미 2010년 철강산업을, 2012년에는 LCD, 2014년에는 휴대폰, 2016년에는 이차전지 시장에서 한국산업의 지위를 위협하기 시작했다. 실제 2017년에는 자동차 산업이 중국의 영향력에 흔들리며 한국 주식시장의 거대 제조업인 자동차와 IT 에서 유독 삼성전자와 그 계열사들의 주가만 독보적인 주가흐름을 보였다.

그런데 2017년 한국 경제를 이끌었던 IT 수출과 설비투자가 2018년에는 중국의 대규모 투자를 통해 경쟁력 약화 가능성이 높아졌다. 실제 규모는 LCD생산(LG디스플레이 50%)과 반도체 생산(삼성전자의 20%) 능력 확보로 인하여 한국 제조업이 도전 받을 가능성이 높아지고 있다. 또한 2017년의 높은 기저효과는 성장률 한계에 직면할 것처럼 보이는 통계적인 현상까지 외국인 투자자에게 부정적으로 비춰질 가능성이 높아질 것이다.

결국 이러한 산업에 대한 시각이 모두 반영되어서 집적화된 수치가 경제 성장률이다. 즉 한국 시장에 투자하려면 올해보다 나은 내년 경제 성장률인지 검토하면 오히려 이야기는 쉬워진다. 만약 2018년 KOSPI에 투자하거나 한국 주식시장에 투자하기 위한 표지석으로 한국 경제성장률은 면밀히 살펴본다면 바뀌는 투자트렌드를 쉽게 이해할 수 있을 것이다.

7. 쉬운 방법을 찾아서

경제의 방향성을 분석하게 되면 자산 가격의 방향성을 이해하기 쉽다. 하지만 현실적으로 개별 투자자가 경제 방향성을 제대로 분석하는 것은 쉽지 않으므로 일반적으로 경제 전문가들의 자료를 검토하는 것이 편리하다. 또한 글로벌 자산 가격의 상승에 대한 투자자의 기대 역시 경제상황을 기반으로 하여 형성하게 된다면 우리는 글로벌 경제 상황을 고려하여 투자하게 되면 큰 실패 없이 투자에 임할 수 있게 된다.

결국 글로벌 투자를 위한 자료는 글로벌 경제 전문기관들의 자료를 기초로 하여 경제 상황을 이해하고 전문가들의 아이디어를 투자의 전략으로 삼아서 취사선택한다면 상당히 수월하게 글로벌 투자를 시작할 수 있다.

IMF(International Monetary Fund)의 경제 성장률(전망치 포함)

IMF 경제 성장률	아프리카	아시아	호주	유럽	북미	남미
2007년	6.5%	8.6%	4.4%	4.3%	1.9%	6.8%
2008년	5.5%	5.0%	2.2%	1.5%	0.0%	5.0%
2009년	3.5%	4.2%	1.6%	-4.9%	-3.0%	-1.0%
2010년	5.8%	8.4%	2.3%	2.5%	2.8%	6.6%
2011년	2.9%	6.4%	2.6%	2.4%	1.9%	4.9%
2012년	7.1%	5.7%	3.5%	0.4%	2.4%	2.6%
2013년	3.9%	5.9%	2.1%	0.6%	1.7%	3.4%
2014년	3.8%	5.6%	2.8%	1.5%	2.5%	0.5%
2015년	3.5%	5.5%	2.5%	1.3%	2.7%	-1.2%
2016년	2.1%	5.3%	2.7%	1.6%	1.5%	-2.6%
2017년	3.5%	5.5%	2.4%	2.2%	2.2%	0.6%

경제 성장률의 개선은 경기의 방향성을 의미하므로 일반적으로 그 영향을 받는 자산은 투자자들이 가격의 상승 가능성을 검토할 필요가 있다. 이러한 가격 상승에 대한 기대는 실제 거래시장에서 투자 수요를 견인하게 되고 이러한 기대의 집합은 자산 가격의 방향성에 결정적인 역할을 하게 된다. 2015년 이후 글로벌 자산 가격들은 전반적으로 강세를 보이고 있는데 실제 글로벌 경제 성장 추이는 2016년을 바닥으로 전개되고 있는 중이다. 물론 IMF의 전망에 따르면 2018년 이후 경제 성장세는 높게 유지되지만 개선은 크지 않을 전망이다.

글로벌 경제 성장추이

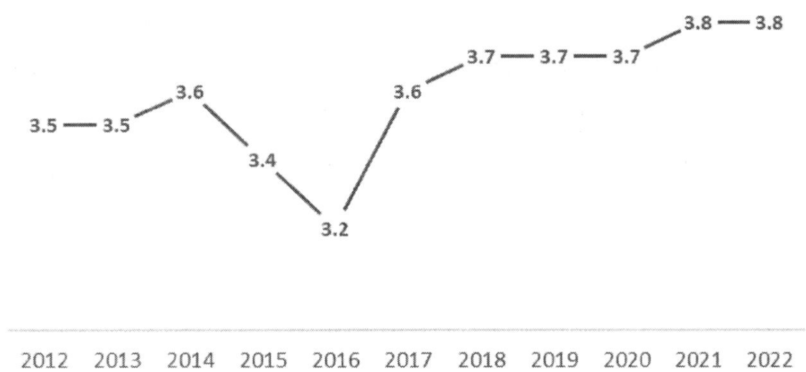

8. 어려운 선택지

내년에 투자하기 좋은 지역을 선정하고 싶다면 올해보다 경제성장률이 높은 지역을 고르면 된다. 2018년의 경우 경제 성장률이 추가적으로 좋아지는 지역을 선정한다면 남미와 호주, 남부 아시아지역이다. 이러한 지역들 중에서 경제성장률이 2017년대비 2018년이 개선 폭이 뛰어난 곳을 선택해서 실제 투자를 시작하면 된다.

경기 방향성이 상당히 좋은 경우에는 세계경기가 대부분 좋을 것이므로 상대적으로 우월한 투자처를 찾게 된다면 추가적인 수익률을 기대할 수도 있다. 즉 글로벌 경제성장률보다 높은 성장이 예상되는 지역을 찾아서 주로 투자하게 될 경우 기대 수익률을 높일 수 있게 된다. 다만 IMF와 같은 전문기관의 경우 수시로 전망을 변경하므로 그 전망치를 항상 확인해보면 추가적으로 개선되는지 혹은 악화되는지 체크할 필요는 있다.

특히 투자매력도가 낮은 지역이 추가적으로 개선된다면 투자자의 기대를 뛰어넘는 대상이므로 대게 주가의 성과가 상당히 높게 나타난다. 실제 2017년 하반기의 경우 예상보다 좋은 고용데이타와 기업이익 성장으로 경제 성장률 개선세를 이어가고 있는 지역이 있다. 대표적인 지역은 주로 선진국이며 국가로는 일본과 미국이다. 정치적인 위험요소나 글로벌 긴축 가능성으로 신흥국가의 경우 소폭 성장률 둔화에 대한 우려 전망이 나타나고 있다.

경제 성장률 전망 2017~2018년(IMF 자료)

투자 매력도 높은 지역

Country	2017E	2018E	성장률 개선 순위
South America	0.6	1.6	1
Latin America and the Caribbean	1.2	1.9	2
Australia and New Zealand	2.4	2.9	3
South Asia	6.6	7.1	4
Emerging market and developing economies	4.6	4.9	5
Africa (Region)	3.5	3.7	6
World	3.6	3.7	7
United States	2.2	2.3	8
Korea, Republic of	3	3	9
North America	2.2	2.2	10
Southeast Asia	5.1	5.1	11
ASEAN-5	5.2	5.2	12
Emerging and Developing Asia	6.5	6.5	13

투자 매력도 낮은 지역

Country	2017E	2018E	성장률 악화 순위
Emerging and Developing Europe	4.5	3.5	1
Japan	1.5	0.7	2
East Asia	5.4	5.1	3
China, People's Republic of	6.8	6.5	4
Eastern Europe	2.6	2.4	5
Europe	2.2	2	6
Advanced economies	2.2	2	7
Euro area	2.1	1.9	8
Western Europe	2	1.8	9
European Union	2.3	2.1	10
Major advanced economies (G7)	2	1.9	11
Asia and Pacific	5.5	5.4	12

9. 문제는 G2

일반적으로 우리는 중국의 경제 성장을 바탕으로 글로벌 경제의 축이 미국과 중국으로 재편되었다고 본다. 신흥국 경기의 대표주자로 중국이 부상하면서 미국과 중국을 묶어서 G2라고 부르면서 G2의 경제뿐만 아니라 정치적인 이슈까지 관심사가 되고 있다. 이번 미국의 대선이 끝나고 난 이후에도 G2의 정치적인 이벤트들에 대한 관심은 투자자들 사이에서 지속적이고 실제 2017년의 경우 연초부터 논란이 많았다.

선진국 경기는 지난해 12월 미연준의 금리인상으로 글로벌 유동성 감소 우려가 증가한 반면 유럽과 일본은 양적완화 정책이 유지되며 상대적으로 금융위험이 낮아진 상황이다. 이렇게 선진국 내에서도 금융 정책의 노선이 갈리고 신흥국들은 점진적인 경기 회복에 대한 신뢰가 높아지고 있다.

자연스레 글로벌 주식시장의 관심은 신흥국으로 관심이 확대되어 갔다. 그런데 미국 주식시장에 대한 고평가 논란이 부상하면서 선진국 시장의 모멘텀 약화가 투자심리를 약화할 수 있다는 우려가 부상하고 있다. 추가적으로 중국 지방정부의 부채 규모증가에 대한 우려가 증가하며 신흥시장 자금유출 우려가 제기되고 있다.

경기 확장 사이클이라는 좋은 환경에도 선진국과 신흥국의 성장률을 견인하는 G2의 약점이 투자자들의 위험자산에 대한 공격적인 행보를 막고 있다. 물론 금리인상이라는 긴축 카드를 통해 위험자산 가격 과열을 막고 있는 미연준의 행보 역시 과도한 위험자산 가격상승을 제지하고 있기도 하다.

중국경제성장률 (IMF전망포함)

10. 아픈 경험을 교훈으로

현재는 미국의 금리 인상 사이클이고 그 영향을 받으며 세계 경기는 움직이고 있다. 미국의 인플레이션 위험이 높아지면 금리인상 가능성은 높아지게 되는데 자산 가격인상 속도에 비하면 현재 인플레이션 수치는 매우 낮은 편이다. 그러나 미국연방준비은행(이하 미연준)은 인플레이션 목표치를 설정하고 금리인상의 근거로 삼던 전통적인 방식에 큰 도전을 받고 있다. 실업률과 물가의 상충관계를 가지고 경제를 바라보던 필립스 곡선(Phillips curve)이 더 이상 유용한 수단이 되지 못하는 시기에 우리는 살고 있다.

고장난 필립스 곡선 매커니즘

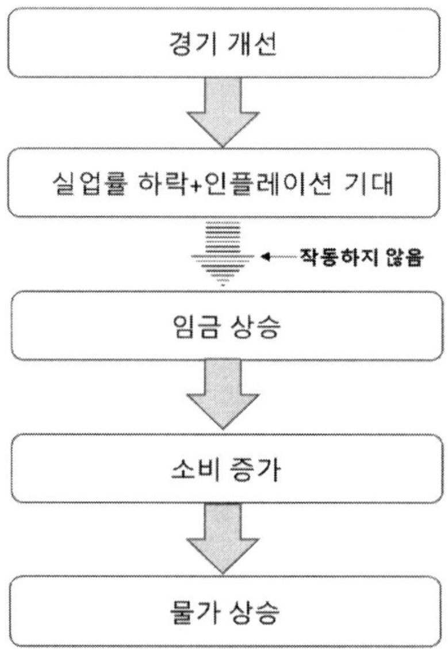

인플레이션의 대표적인 지표인 유가는 실제 바닥권에서 빠른 속도로 가격을 회복하고 있다. 하지만 여전히 5년전 대비 상당히 낮은 수준이며 유가 상승에 대해서 상당히 회의적인 시각이 많은 것도 사실이다. 다른 금융자산이나 실물자산대비 가격 수준이 현저히 낮아 상대 가격을 고려한다면 저평가되어 있다는 사실과 수요의 불확실성이 충돌하고 있다. 대표적인 실물 자산인 미국주택과 금융 자산인 주가지수는 유사한 경로를 따르는 반면 원자재인 유가는 디커플링(Decoupling)되어 있는 상황이다.

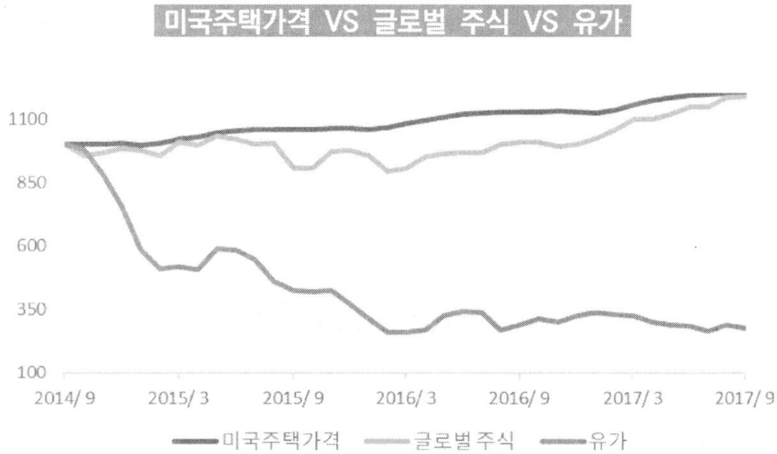

▌수요과 공급의 불확실성의 충돌

2017년 하반기는 유가의 지속적인 상승이 나타나지만 2018년에 대한 전망치가 극명하게 엇갈리는 시기이기도 하다. OPEC은 과잉 재고가 사라져 내년 말까지 원유시장은 가격이 한 단계 레벨업되는 가격 수준이 기대된다고 발표했다. 반면에 IEA에서는 셰일 석유(가스) 개발로 미국의 에너지 원료 공급증가 속도가 빨라지면서 공급과잉 현상이 재발될 것으로 보고 있어 결국 재고량이 다시 증가세로 돌아설 것이라고 전망하고 있다.

2017년 11월말에 실시된 OPEC회원국과 러시아 등이 감산에 합의한 사항에 대해 IEA와 OPEC 모두 감산 합의가 효과를 나타낼 것이라는 것에 대해서는 의견을 같이한다. IEA 조사에서도 선진국의 석유 과잉 재고수준이 2016년 대비 2017년 11월 현재 감소한 것으로 나타난다. 그런데 OPEC은 2018년에 원유 재고가 약 1억3000만배럴로 대폭 축소를, IEA는 미국의 신규 공급 증가로 재고 확대를 전망하고 있다.

유가와 재고 VS 수요

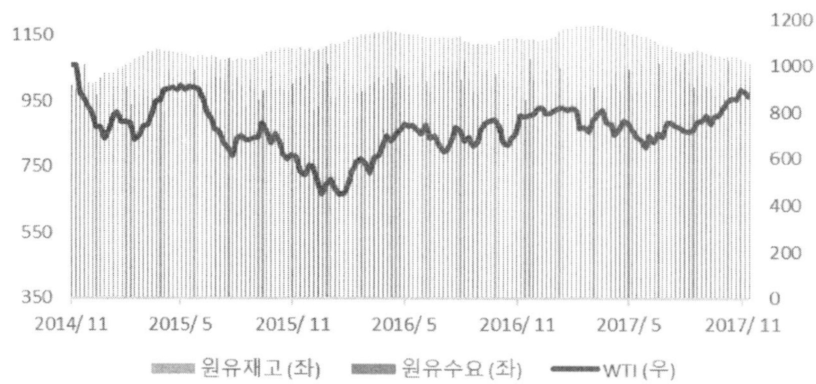

▌글로벌 수요 감소 vs 산업의 구조조정

너무나 많은 글로벌 유동성은 세계 중앙은행들에게 인플레이션에 대한 위협을 안겨주어야 한다. 하지만 경기 회복력이 강한 미국을 제외한 국가들은 아직 심각하지 않은 상황이다. 아직 유럽과 일본 중앙은행은 유동성 공급을 지속하고 있으면 속도 조절을 고민하고 있을 뿐이다. 하지만 실제 경기 회복이 된다면 인플레이션의 위험은 분명히 중앙은행들을 괴롭힐 것이다. 경기의 방향성에 대해 자신을 가지기 힘든 대부분의 자본시장 참여자들은 현재의 시장에서 극명하게 온도차를 느끼고 있다. 최근 들어 산업용 금속 가격의 상승세와 인플레이션 지표라고 알려진 금가격의 하락세는 투자자 입장에서 상당히 풀기 어려운 방정식처럼 그 해답을 가늠하기 어려운 시기이다.

금 VS 산업용 금속

▌금속- 귀금속(금의 실물 수요 약세)

재화와 서비스의 가격 변화요인은 공급과 수요의 증감이다. 상식에 가끔 역행하는 자산이 있는데 금(gold)이다. 금은 역사적으로 화폐 경제에서 인플레이션이 발생할 때로 가격이 상승하여 기회 손실이 발생하지 않는 특별한 자산이다. 요즘처럼 시장에서 유동성이 많아지면 화폐 가치가 하락할 때 특히나 유용한 자산이었다.

그러나 요즘 금이 유동성이 증가한 시기에 전혀 힘을 쓰지 못하고 있다. 이유는 매우 간단하다. 공급의 문제가 없으니 금의 수요에 문제가 생긴 것이다. 금의 수요측면 요인은 크게 보석류 수요와 투자 수요로 나뉘고 투자수요 중 가장 중요한 참여자가 개별 국가의 중앙은행과 ETF의 금 수요이다.

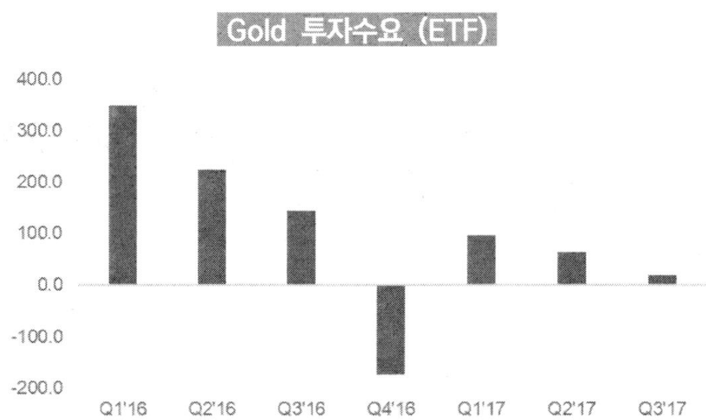

실질 수요인 보석류 소비의 절반이상을 차지하는 지역은 중국과 인도이다. 두 인구 대국의 수요 정체는 2013년부터 시작되었고 중앙은행들의 보유 수요 역시 2013년을 고점으로 감소세로 전환되었다. 참고로 2010년 이후 2013년까지 개별 국가의 중앙은행 금 수요는 외화자산 다변화 정책으로 금에 대한 보유 비중을 늘려왔다. 구체적으로 2016년 들어 인도 중앙은행 금 보유량이 전년대비 23.8% 대폭 감소하였는데 중국 중앙은행 역시 전년대비 16.5% 감소하면서 전 세계 중앙은행들의 금 보유량 감소를 주도하였다.

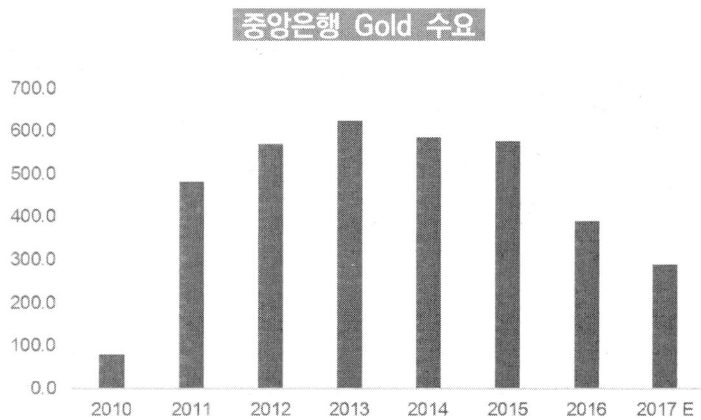

한편 금에 대한 투자수요의 대표적인 지표인 ETF규모 역시 감소하여 투자수요 물량 역시 감소하고 있는 상황이다. 결국 실물 수요와 투자수요가 동시에 약화되는 시기에 금 투자자들은 주식투자자나 산업용 원자재투자자 대비 커다란 기회비용을 경험했다.

금 VS 글로벌 주식 VS 산업용 금속

▎금속-산업용 금속(산업내 구조조정)

글로벌 산업용 금속 수요의 바로미터는 바로 중국이다. 중국은 제조업에 있어서는 세계의 공장이라고 불리는 별칭만큼 철강 수요에 있어서는 상당히 중요한 국가이다. 과잉공급이라는 문제가 발생하면서 중국의 절대적인 생산 규모에 대해 글로벌 시장 참여자들은 우려가 높아지기 시작했다. 또한 인도를 비롯한 경쟁력이 높은 신흥국들의 지위가 높아지면서 이전대비 비중은 줄어들고 있다.

게다가 중국은 산업 구조조정을 시작하며 놀라운 결정을 하게 된다. 2016년 4월 중국 정부의 주도로 세계 2위, 세계 9위의 대형 철강기업인 중국 허베이강철과 서우강강철이 합병을 발표했다. 이미 2016년 3월에 세계 5위 바오산강철과 세계 11위 우한강철이 합병을 발표하고 난 후속조치여서 중국 정부의 강한 의지를 느낄 수 있는 대목이다. 구체적으로 중국 국영기업을 관리 감독하는 국유자산관리 위원회가 중국 남부와 북부에 초대형 철강기업을 설립하기로 하는 일련의 프로세스에 해당하는 것이다.

세계 철강기업 생산량 순위

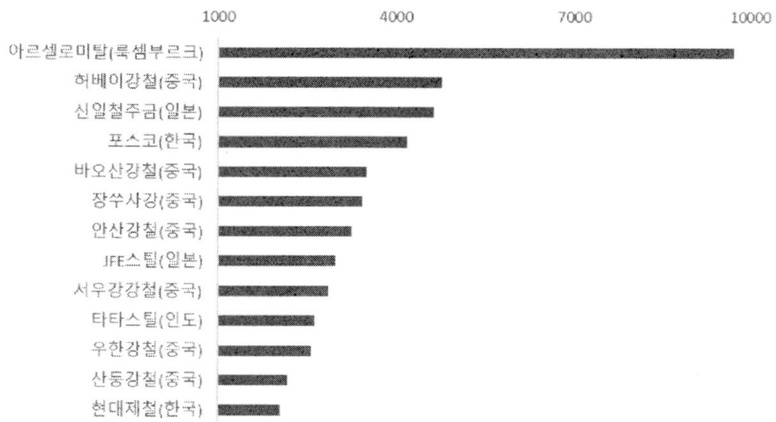

공급 측면에서 산업 구조조정이 시작되었음에도 중국의 철강생산이 50%를 넘어서면서 산업구조 내에서 지위가 공고해졌다. 또한 아시아에서는 일본의 신일철주금과 한국의 포스코가 글로벌 Big3에서 밀려난 것을 의미한다. 중국 정부의 목표는 자국내 철강 산업 구조조정을 통해 3~5년 내 최대 1억~1억5000만t의 과잉생산을 해소시키겠다는 것이다. 결국 효율성을 무장한 중국 철강기업의 세계 철강시장에서 가격 결정력을 높이는 수순으로 갈 가능성이 높아졌다.

철강 가격 (열연)

실제 글로벌 아연시장에서는 글로벌 1위 업체인 글렌코어가 공급량의 조절을 통해 가격이 상승하고 있다. 2017년 들어 아연의 글로벌 마켓 가격은 아연가격이 최근 10년 이래 최고수준을 기록했다. 즉 세계최대 광산업체인 글렌코어사의 공급 조절 전략이 성공한 것이다. 실제 글렌코어사가 2015년 10월 호주, 카자흐스탄 광산에서의 공급량 감축을 발표하면서 공급량 조절을 시작한 바 있다. 2017년 11월 말 현재(현지시간) 런던금속거래소(LME)에서 아연 가격 3100달러/톤을 상회하며 2년전대비 100% 가까이 상승했다.

아연 가격 (미국 달러)

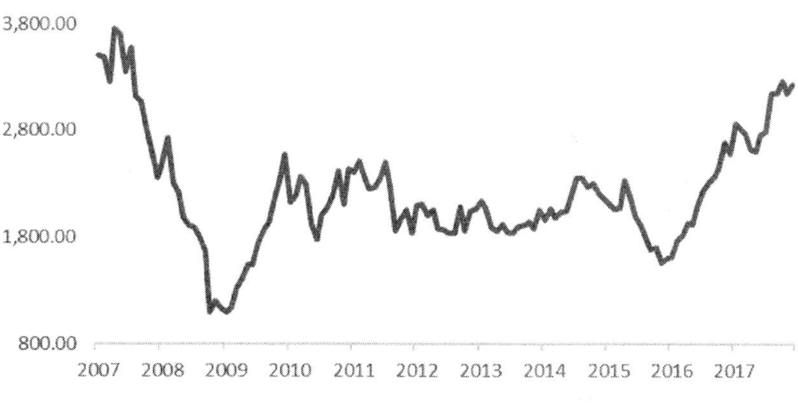

경기 회복에 따른 산업수요의 자연 증가분 이외에도 아연가격 상승에는 공해로 신음하는 중국의 친환경 정책으로, 중국의 아연 수입이 증가하면서 가격상승을 부추기고 있다. 한편 산업용 금속 중에서 경기 선행지표로 알려진 구리 같은 경우는 오히려 대형 신규 공급자 등장에도 강세를 보이고 있다. 구리의 최대 생산국가는 칠레이지만 페루가 도전장을 내밀었다. 2017에는 페루가 기존 2위인 중국보다 높은 공급량을 시장에 공급을 시도하고 있지만 오히려 2017년 11월말 현재(현지시간 기준) 시카고선물거래소(CBOE)에서 아연 가격 3100달러/톤을 상회하며 2년전대비 50% 가까이 상승했다.

구리 가격과 생산량

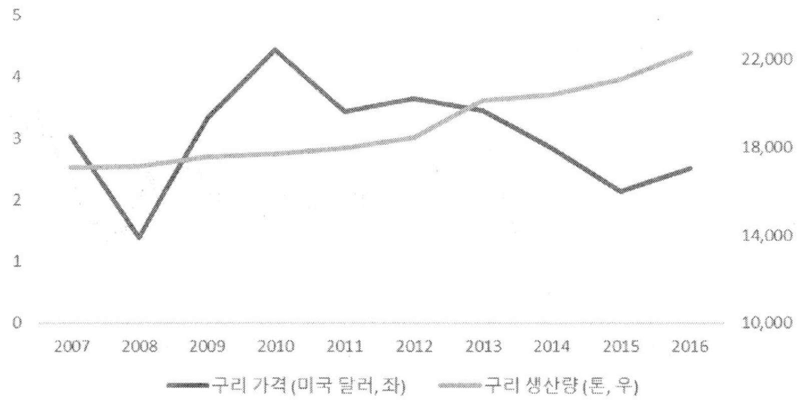

11. 선수교체시기

▌트럼프 당선, 브렉시트, 아베집권

세계의 본원 통화 역할을 하는 것은 미국 달러이다. 그러나 강력한 양적완화를 시작한 미연준(FRB)의 통화정책은 미국 달러가치 하락을 유도했다. 실제 리먼사태이후 10% 이상이 절하되며 달러인덱스(100pt기준)를 70pt대까지 끌어내렸다. 나홀로 경기회복 사이클에 들어선 미국의 경제상황을 반영하며 2014년 여름을 기점으로 달러인덱스는 25% 이상 상승하며 미국 경제의 건실함을 과시했다. 반면에 달러가치가 상승하는 기간 동안, 애플이나 스타벅스 등 다국적 기업의 국제 매출 성장률은 하락을 경험했다. 트럼프 행정부가 출발을 계기로 2017년 들어 달러인덱스는 가격하락를 시작한다.

달러 인덱스

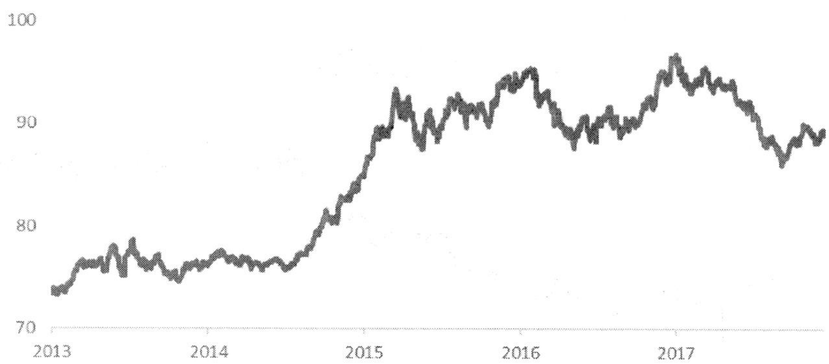

다른 기축통화들의 강세를 통해 달러화는 약세를 경험할 수 있는데 그 대상으로는 유럽의 유로화, 일본의 엔화 등이 있다. 실제 유로화 같은 경우 2017년에만 달러대비 10% 이상 평가절상이 있었다. 환율의 상대적 약세는 화폐적인 현상이면에 경제 성장 속도의 차이를 반영하는 실물적인 현상이 뒷받침되어야 한다.

즉 트럼프 대통령의 공약(인프라 지출, 세금감면 등)의 실행과 그 효과에 대한 의구심으로 경기 회복속도의 지연이 달러화 약세를 이끌 수도 있다. 또한 미연준(FRB)의 금리 인상 기대 감소, 유럽경제 성장세, 유럽 정치적 리스크 완화와 같은 대외적인 요인도 존재할 수도 있다는 것이다.

유럽 경기 회복세는 글로벌 교역량 회복세와 유로 역내 기업투자 증가 등으로 나타나며 유로화 강세가 지속되고 있다. 장기적인 물가의 영향력을 감안하여 유럽중앙은행(ECB)의 통화 정책 정상화 가능성이 유로화 강세를 지지하고 있는 중이다.

유로화 강세

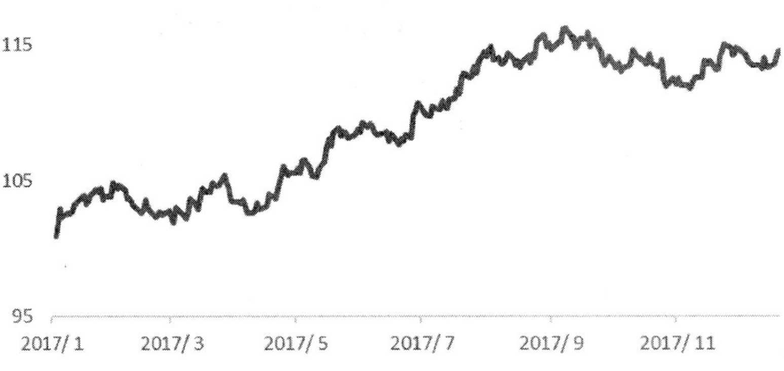

실물적인 요인으로도 통화를 강세를 보일 수 있는데 대표적인 사례가 브렉시트(Brexit)이다. 브렉시트를 결정하기 이전에도 영국은 유로화가 아닌 파운드화(GBP)를 사용해왔다. 브렉시트를 통해 영국의 경제 성장률 하락이 예상되면서 유로화대비 영국 파운드화 가치가 급락하기 시작했다. 브렉시트를 영국이 결정한 2016년 6월 24일에 영국 파운드화는 유로화 대비 6% 넘게 하락하며 시장의 우려를 반영했다. 실제 영국 파운드화로 표시된 자산의 가격 하락으로 글로벌 투자자들에게 큰 손실을 안겨주었고 실제 한국에서도 파운드화 자산을 매입한 투자자들에게 예상치 못한 단기 손실을 입히기도 했다.

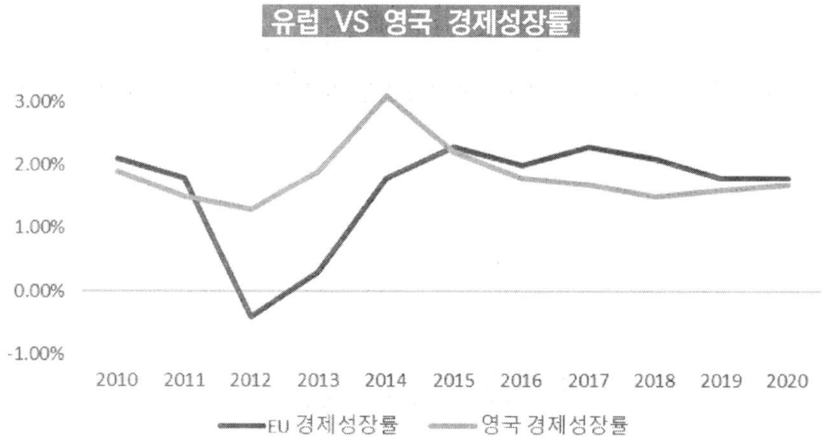

12. 안전자산이여 안녕~

▌미국 국채의 변동성

세계에서 가장 안전한 자산으로 금 혹은 미국 국채를 꼽는 투자자가 많을 것이다. 특히나 미국 국채의 경우 보유자산의 가치의 안정성과 유동성도 높은 편이어서 다른 중앙은행에서도 상당히 많은 양의 물량을 보유하고 있다. 하지만 미국 국채에도 본질적인 위험요소가 있는데 채권 시장의 금리이다. 2016년말 형성된 2.4%대의 10년 만기 미국 국채금리는 연간 금리 인상 기대치를 충분한 반영한 수치였다. 즉 안전자산 미국 국채가 2016년 동안 약 0.7% 정도의 손실이 발생하였다는 것을 의미했다.

흥미로운 것은 미국의 경기와 실업률 수치가 상당히 좋은 수준임에도 불구하고 인플레이션 수치가 낮게 나오면서 기존 인상 기대치보다 낮은 수준의 금리 사이클이 유지되고 있다는 것이다. 9월에는 미연준의 옐런 의장이 클리블랜드 포럼에서 지금과 같은 저물가 기조에 대해 미스테리(mystery)라는 표현을 쓰기도 한 바 있다. 실제 2017년 8월에는 오히려 연초보다 낮은 2.1%대의 10년 만기 미국 국채금리를 기록하기도 했다.

미국 10년물 국채 수익률 지표

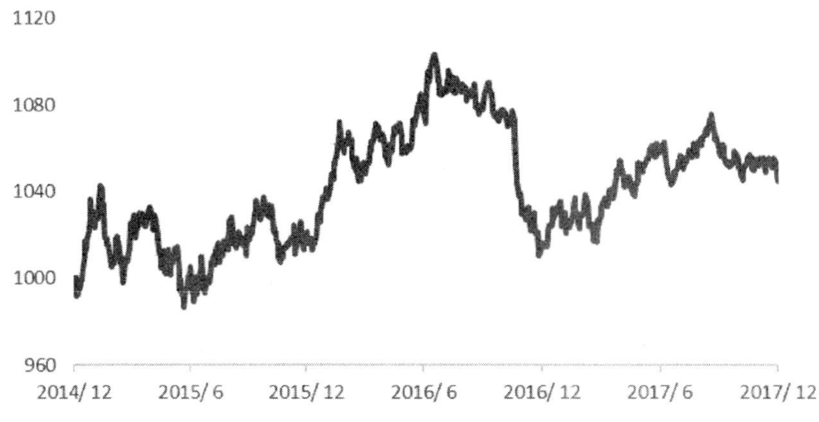

하지만 미국의 실물 자산가격과 주가지수 강세로 인하여 잠재 인플레이션 가능성이 높아지면서 다시 연말에는 2.3%대의 금리 수준이 형성되면서 시험대에 섰다. 현재 Fed 위원들은 점도표 상에서 내년에 3(세)차례, 2019년 두차례, 2020년 한차례의 기준금리 인상을 예상한다. 금리의 움직임, 변동성이 안정화 되면서 미국 국채의 자산가치 하락의 지속성에 대한 우려가 현실화 되는 것을 미국 국채 보유자들은 두려워하고 있다.

금리의 등락으로 인한 변동성이 높을 때에는 금리 인상에 대한 불확실성이 높다는 것을 의미하는 데 2017년 10월 이후 금리 변동성이 대폭 감소하면서 안전자산 투자자들이 미국 국채 가격상승 가능성에 대해 의구심이 증가하고 있다.

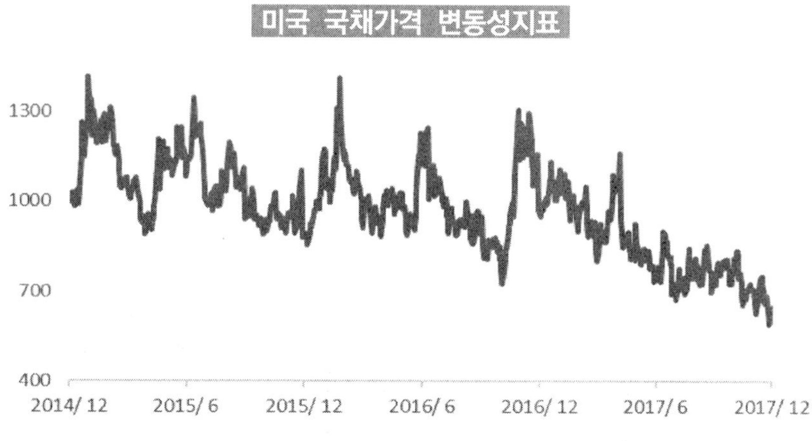

북핵 리스크의 부상과 영국의 유럽연합(EU) 탈퇴(브렉시트) 그리고 최근에 심화된 중동지역의 지정학적 위험상승으로 투자 위험을 낮추고자 하는 수요가 증가함에도 여전히 안전자산들의 가격은 힘을 발휘하지 못하고 있는 실정이다. 또한 미국 트럼프 행정부의 재정부양 공약 등은 인플레이션 압력을 높이는 요인이다. 미국뿐 아니라 중국, 유럽 등 세계 곳곳에서 최근 인플레이션 압력이 되살아날 조짐을 보이고 있다. 이러한 리플레이션이 실제로 채권 가격 형성 메커니즘에 영향을 주게 되면 안전자산이라 하더라도 채권의 특성상 고정수익을 보장하는 채권의 매력이 떨어져 세계적으로 보유자들이 있는 미국 국채도 투매 압력에서 벗어나기 어려울 것이다. 일례로 미국 재무부의 월례 발표에 따르면 5월이후 중국이 보유한 미국 국채는 1조1천억달러를 넘어섰고 일본을 다시 제치고 최대 미국 국채 보유국이 됐다.

미국 국채가격, 외국인 투자추이

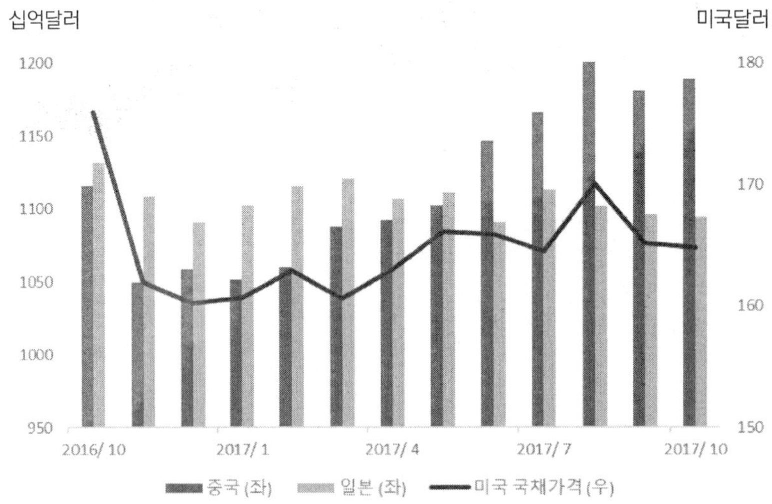

3부 Short-term or Long-term
장기적인, 2019년 이후의 위험은?

장기적인 수익률을 결정할 수 있는 요인

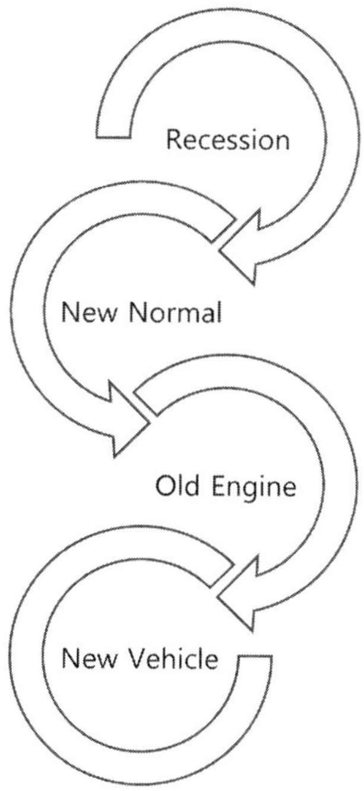

추천사

2018년 글로벌 경제에 대한 긍정적인 전망이 쏟아지고있다. 하지만 금리, 유가, 원화가치가 동시에 오르는 이른바 3고 현상과 글로벌 통화긴축, 보호무역주의라는 위험요인도 상존한다. 이런상황에서도 위기를 헤지하고 새로운 투자기회를 모색해야 하는 우리에게 이책은 참 호기롭고 신통방통하다. 글로벌ETF라는 투자의 새로운 이정표를 제시하고, 글로벌 ETF투자가 무엇인지를 핵심만 간추려 꼭꼭 짚어내 주었다. 또한, 직관적으로 이해할 수 있는 차트는 매우 흥미롭다. 아는 만큼 보인다는 말처럼 우리는 이 책을 통해 자산관리의 시야를 더욱 확장하고, 투자의 시계도 안전하게 굴릴 수 있을 것으로 기대된다.

- 이창구 / 신한은행 부행장

장기적인 수익률을 결정할 수 있는 요인

2017년 12월에 미연준 이사회(FOMC)의 금리인상 이후 10년 만기 미국 국채 금리(수익률)가 비교적 안정적인 흐름이 예상된다. 하지만 내년 미국 경기를 두고 블룸버그를 비롯한 세계적인 미디어에서 경기 강세론과 약세론이 팽팽한 상황이다. 이번 연말은 일반적으로 내년에 대한 기대감을 안고 희망적인 계획을 논하지만 2017년 연말은 그렇지가 못하다. 2018년 경기를 두고 미국의 장기 호황의 끝을 우려한다는 측과 미국을 제외한 나머지 지역은 경기 회복이 진행 중이라는 측의 논쟁이 다양한 해석의 여지를 안고 있다.

50년간 경기국면 분석

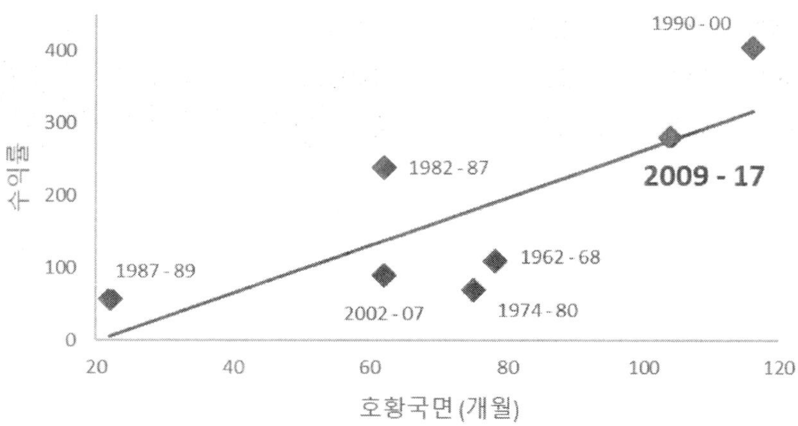

13. 곳곳에 도사리고 있는 불황

10월에 미국경제 전문방송 CNBC 통해 Goldman Sachs 이코노미스트가 24개월 내에 베어마켓(bear market)이 될 확률이 88% 수준이라고 인터뷰를 듣고 놀란 적이 있다. 확률적으로 보면 장기 호황 이후에 불황이 올 가능성이 높다는 이야기를 하는 것인데 어떤 식의 불황 사이클을 예단하기는 쉽지 않다.

미국의 통화정책을 책임지는 미연준(FRB) 옐런 의장이 내년 2월 임기가 만료되면서 글로벌 유동성 장세의 후반부를 어떤 식으로 마감할 수 있을지 의문도 많은 상황이다. 현재 옐런 의장은 앞으로 내년 1월 한 차례의 FOMC를 남겨두고 있으며 제롬 파월 연준이사가 차기 의장으로 지명된 상태이다.

경기지표	미래의 불경기 확률			
	3개월	6개월	12개월	24개월
0% - 30%	24%	29%	31%	59%
30% - 40%	20%	24%	36%	52%
40% - 50%	25%	30%	38%	47%
50% - 60%	19%	21%	27%	52%
60% - 70%	35%	44%	62%	88%
70% - 100%	55%	63%	81%	97%

12월 FOMC에서 금리인상 단행 이후 시카고상품거래소(CME) 페드워치에 따르면 연방기금(FF) 금리선물 시장은 옐런이 의장으로서 마지막으로 참여하는 내년 1월 FOMC에서 추가로 금리인상이 단행될 가능성은 현재 10% 미만이다. 연준은 내년도 금리 인상 횟수를 총 세 차례로 전망하고 있다. 다만 아직 시장에서는 두 차례 이상의 금리인상을 예상하는 시각은 적은 상황이다. 반면에 투자은행 골드만삭스는 11월 발표한 리서치 보고서에서 내년도 금리인상 전망을 연준의 전망치 보다 많은 네 차례로 예상했다. 미국이 인플레이션을 동반한 경제성장의 시기로 2018년을 지목한 것이다. 지난 10월 기준 미국 실업률은 4.1%로 이 수치가 3.5%로 떨어지면 1960년대 말 이후 가장 낮은 수준이 되면서 임금과 물가 상승을 예견한 것이다.

미국 실업률

14. 뉴노멀은 진짜 뉴노멀인가

▌금융완화에서 긴축의 시대로

뉴노멀(new normal)이라는 말이 들불처럼 글로벌 자본시장으로 번져나갈 때에 우리는 향후 경제 성장에 대해 비관적인 목소리에 귀를 기울였다. 세계적인 금융위기 이후에는 글로벌 성장률 하락으로 낮은 금리가 지속될 것이다. 또한 인플레이션 역시 저조한 시기가 지속되는 것이 마치 새로운 미래의 일반적인 현상이라는 뉴노멀에 많은 투자자들이 항복했다.

하지만 미국의 새로운 정부, 트럼프가 당선되고 그의 공약이 1조달러 인프라 공약과 세금 개혁을 통한 강력한 재정지출을 천명하고 나서면서 시장의 분위기는 급속도로 달라졌다. 대표적인 물가 변수인 유가가 반등을 가속화하며 원자재 시장의 가격 회복을 알리는 시위를 당긴 것이다.

미국 정책의 정상화

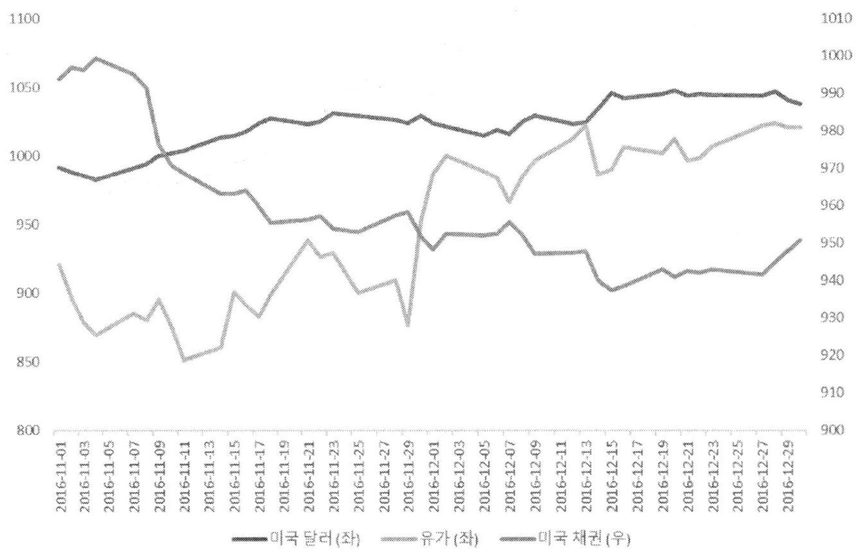

최근들어 미디어는 금리와 물가를 동시에 자극한 이러한 현상을 두고 트럼플레이션(Trumpflation)이라는 신조어를 만들어냈다. 미연준의 옐런 의장은 지난 7년이 비정상상의 시기였으며 저금리를 지속하지 않을 것임을 분명히 시장에 전달했다.

2016년 연말은 미국의 정권교체와 금리 인상의 효과가 시장에 어떠한 변화를 주는지 분명하게 보여주는 케이스이다. 2015년 금리인상시기와 전혀 다른 반응이 투자자들 사이에서 발생했기 때문이다. 미국뿐만 아니라 글로벌 시장금리가 뛰고 달러는 초강세를 보이며 글로벌 중앙은행들이 움직일 수 있음을 받아들인 것이다.

상승기에 접어든 정책 금리

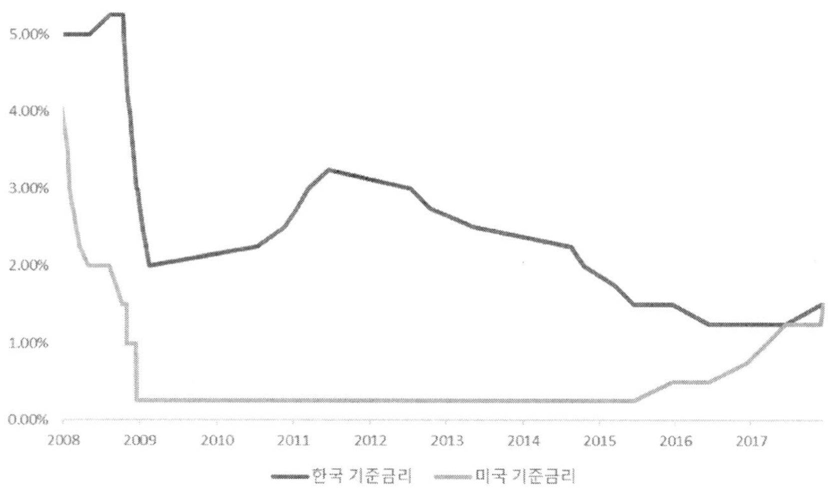

공급의 과잉으로 수요자 중심의 경제 구조가 고착화되면서 낮은 물가로 지탱되던 뉴노멀은 석유수출국기구(OPEC)가 8년 만에 감산에 합의하면서 공급자의 자체 구조조정의 도전을 받게 된다. 트럼프 정부의 재정투입과 동시에 공급량 조절으로 잠자고 있던 인플레이션에 대한 기대가 시장에 반영되면서 소비자와 생산자 물가를 동시에 견인하게 된다. 즉 상식적인 경기 사이클에 대해 고민하는 투자들과 제로 금리를 넘어 마이너스 금리까지 단행했던 유럽중앙은행 (ECB)이나 일본은행(BOJ)은 다시 소통할 필요가 발생하게 되었던 것이다. 한계에 부딪힌 통화완화 대신 재정완화가 경제 구조의 정상화 카드로 부상하면서 시장은 정상적인 궤도로 진입할 것을 기대하고 있다. 다만 저물가 배경이던 유가의 반등은 물가를 견인할 가능성이 높으므로 신흥국 입장에서는 통화완화 여력이 떨어질 경우를 대비해야 한다. 11월말에 전격적으로 금리 인상을 한 한국은행(BOK)이 신흥국들의 대표적인 사례이며 내년 미국의 정책금리와 경쟁을 해야 하는 상황이다.

▌대전환(great rotation)의 실패

2013년 필자는 글로벌 투자은행에서 주최하는 컨퍼런스에(X) 참석차 싱가폴에 있을 때 미연준의 결정을 기다리고 있었다. 이유는 미연준에서 양적완화 정책의 종결(Taper tantrum) 가능성을 내비치는 발표가 있었기 때문이었다. 단기에 글로벌 자본시장에 대규모 변동성을 발생했으며 미국채의 금리 역시 폭등하며 소위 긴축발작이 휩쓸고 지나갔다. 그때부터 대전환(great rotation)에 대한 시장의 관심이 높아지고 미국이 정책 금리를 올릴 때 마다 가능성에 대한 논란이 증폭되었다. 여기서 대전환(great rotation)은 안전자산으로부터 위험자산으로 투자자금이 이동하면서 자산간의 상대가격이 변하는 것을 의미한다. 대전환(great rotation)이 일어나는 이유는 단위당 위험대비 수익률이 낮아지면서 투자자들이 안전자산이 과대평가되었다고 인식하면서 위험자산을 선호하기 때문이다.

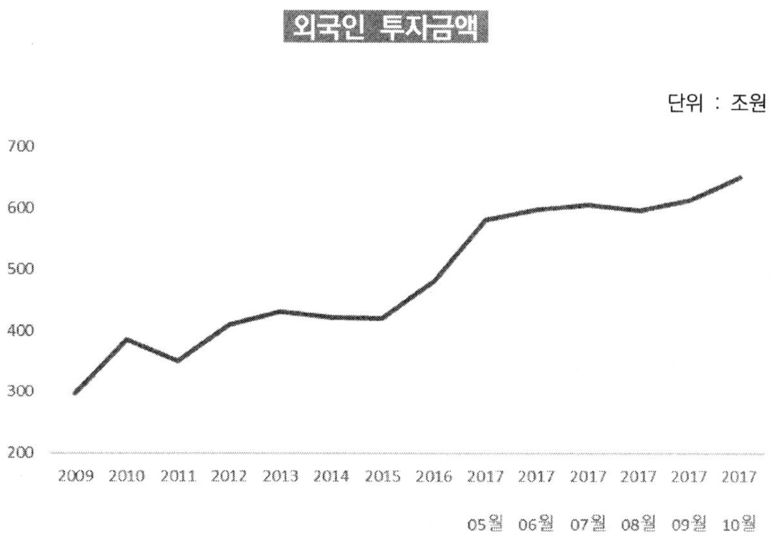

하지만 그 이면에는 단기적으로 긴축발작이 발생하게 되면서 유동성 축소시기에 취약한 자산이 생겨난다. 긴축발작으로 신흥국 자산들에 대한 투자심리가 급격하게 나빠졌던 동아시아 통화위기, 1998년과 같은 경험이 이미 역사적으로 존재한다. 따라서 최근에 신흥국 자금이탈에 대한 우려가 한국자본시장에도 현존하고 있고 글로벌 투자자들은 금리차에 집중하고 있다.

일본경제의 뉴노멀(New Normal)

경제 상황은 일반적으로 변동을 하면서 사이클을 가지게 되는 데 경기 순환을 통해 과열되었다가 침체되었다를 반복하는데 일본의 경제는 예외적으로 그렇질 못했다. 일본은 20년 넘게 경기 호황 시기를 제대로 가지지 못하게 되면서 경기순환이 발현되지 못하며 뉴노멀(New normal)의 경제의 대표적인 사례로 지적되어 왔다.

하지만 아베 정권 출범후 일본 경제는 청년 고용률이 최대치를 기록하며 유례없는 호황에 접어들었다. 소위 뉴노멀의 흔적들을 지워가고 실제 일본의 명목 GDP가 역사적 고점을 돌파하기까지 20년이 넘는 세월이 걸렸으나 새로운 경제성장 역사를 쓰는 중이다. 당연히 일본 주식시장의 주가 지수는 고점을 돌파하고 글로벌 투자자들에게 놀라움을 선사하고 있다.

일본 경제성장률

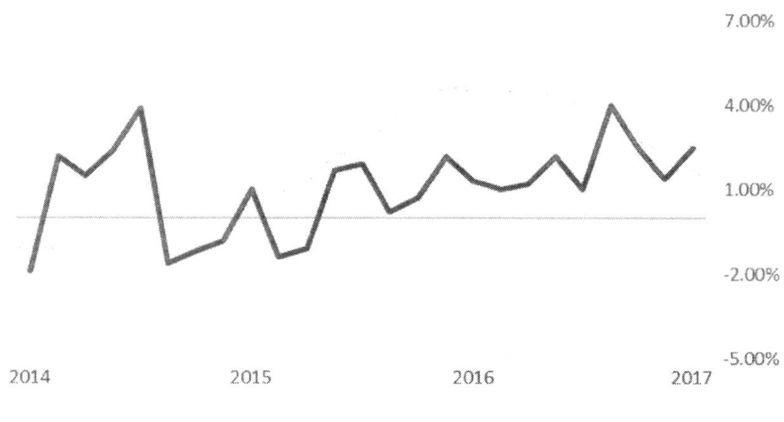

▌경기사이클의 종결

뉴노멀이라는 새로운 아이디어로 투자를 해왔던 투자자들은 오히려 정상적인 궤도로 진입하는 것에 대한 두려움이 커지고 있다. 양적완화를 기반으로 구성된 경기사이클이 변화를 겪는 것이 경기사이클의 종결이라면 우리는 빨리 불황에 대한 가능성을 충분히 검토해야 한다. 하지만 최근에는 새로운 경기 사이클의 출현하고 있는 중이다. 현재 전 세계적으로 물가는 안정되어 있고 주요국 통화정책 역시 점진적이다. 특히 미국 금융규제 완화는 부채 구조조정이 끝난 미국 가계가 새로운 레버리지 사이클로 도약할 가능성이 높아지고 있다. 이미 연준 의장 선임을 통해 미국 금융규제 완화에 대한 방향성은 보다 분명해졌다. 미국 상원 은행위원회(Senate Banking Committee)는 잠정적인 미국 금융산업에 대한 규제완화안을 통해 강력한 시그널을 자본시장에 내놓았다.

미국 가계 레버리지

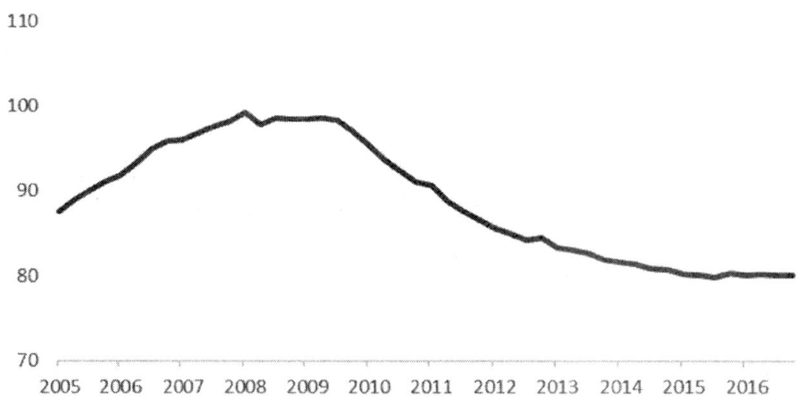

15. 성장 엔진에 대한 회의감

글로벌 경기 회복 지속

월가의 대표적인 비관론자는 마크 파버(Gloom, Boom & Doom Report 편집장)이다. 2010년 이후 비관론자들이 주로 유럽의 금융시장의 부실에 대해서 문제제기를 많이 했지만 최근의 그들의 관심사는 중국이다. 중국은 단순한 신흥 성장국가라기 보다 인구대국이면서도 높은 성장률을 가진 글로벌 경제 성장엔진이다. 중국은 경제 대국이면서도 6%를 상회하는 GDP 성장률을 보유한 대단한 나라이지만 중요한 약점은 부채의 성장속도이다.

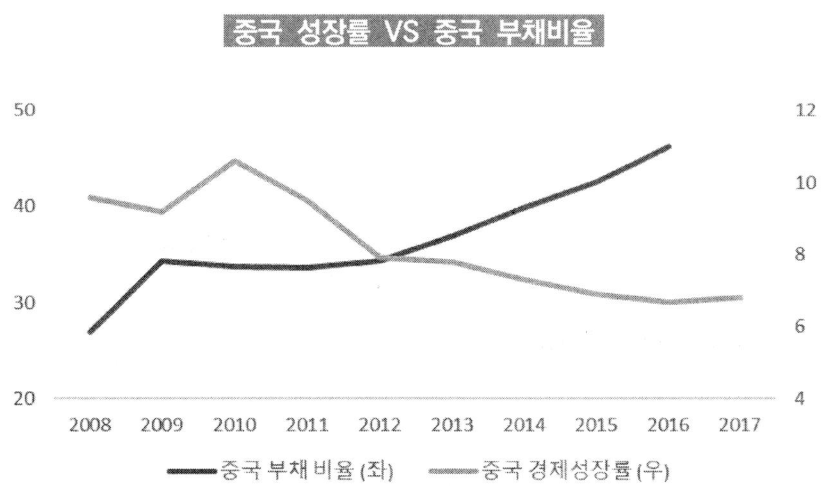

그러나 2017년 들어 3분기까지 중국 경기지표는 오히려 강세를 보이고 있다. 실제 2017년 중국 주식시장의 성과 역시 강력한 회복세를 기록했다. 중국의 그림자금융에 대한 우려와 달리 재무적인 부담은 크게 찾아보기 힘들다. 지난 10월 중국 공산당대회가 끝나고 취해진 경제적인 조치의 핵심은 지방정부의 레버리지를 제한하고 민간 레버리지를 활용한 자산관리 상품의 판매에 제약을 가하는 것이었다. 이러한 전반적인 레버리지 관리를 통해 금융 위험을 적극적으로 관리할 것을 천명했다. 중국정부의 전격적인 조치는 바로 금융시장에 반영이 되며 중국 금리시장에 급격한 영향을 끼치게 된다. 뿐만 아니라 헝다, 완커, 비자위안 등 중국의 대표 부동산 기업들의 주가가 급락하며 실물 경제에 대한 우려 역시 커지고 있다.

중국 시장금리

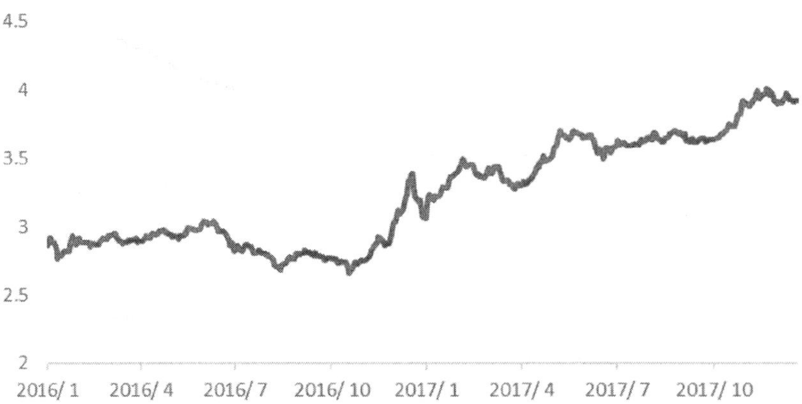

거대하게 축척된 자본을 기반으로 중국은 국내의 과잉 유동성을 해결하기 위해 해외 투자에 몰두했다. 2010년 이후로 글로벌 경기하락과 과잉투자의 폐해로 인한 부담을 줄이고자 중국 정부는 자본유출에 대한 규제를 강화하기 시작했다. 그러나 관성의 법칙을 타고 중국의 자본 유출이 단시간에 끝나지 않을 예정이다. 2017년 산업 경기를 가늠하는 NBS Manufacturing PMI의 강세에도 불구하고 자본유출이 지속될 경우 중국의 산업경기에 대한 의구심은 증가할 것이다. 즉 중국 투자자입장에서도 중국의 산업경기가 중요하지만 글로벌 시장에 투자한 투자자 역시 글로벌 성장률이 타격을 받을 가능성을 고려해야 한다.

중국 산업경기 VS 중국 자본흐름

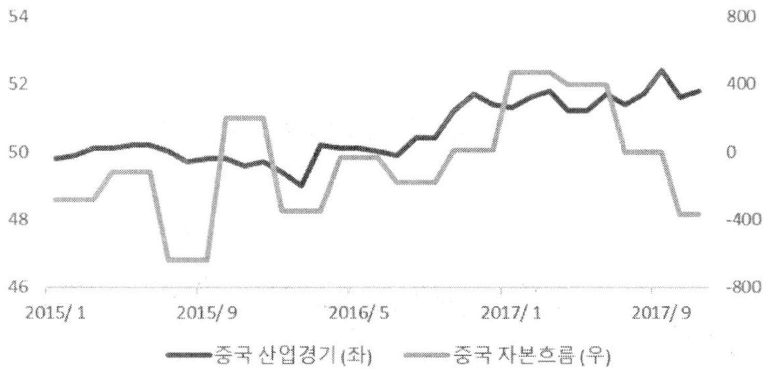

16. 새로운 투자와 위험관리 수단

리먼사태로 대표되는 2008년 금융위기는 자본시장 참여자들에게 수 없이 회자되는 시장실패 사례이다. 2017년 현재는 월스트리트에서 부르 는 표현으로 AC 10년인 셈이다. 기독교에서는 그리스도의 탄생 이전을 BC(Before Crist)라고 부르는 대신 그리스도 탄생 이후를 AC(After Christ)라고 표현한다. 이와 유사하게 2008년 금융위기를 상징적인 Crisis 라고 명명하여 금융위기 전을 BC(Before Crisis)라고 표현하고 금융위기 이후를 AC(After Crisis)라고 표현하기도 한다.

역사적인 금융위기는 글로벌 기축통화인 달러화의 무제한 공급을 촉발하면서 기존 화폐 경제에 대한 불신이 높아졌다. 이후 금에 대한 투자가 늘었으나 최근 가상화폐 혹은 암호화화폐(cryptocurrency)라고 불리는 비트코인에 대한 보유가 투자자 들에게 높은 관심을 받는 자산으로 부상했다.

금과 비트코인 가치

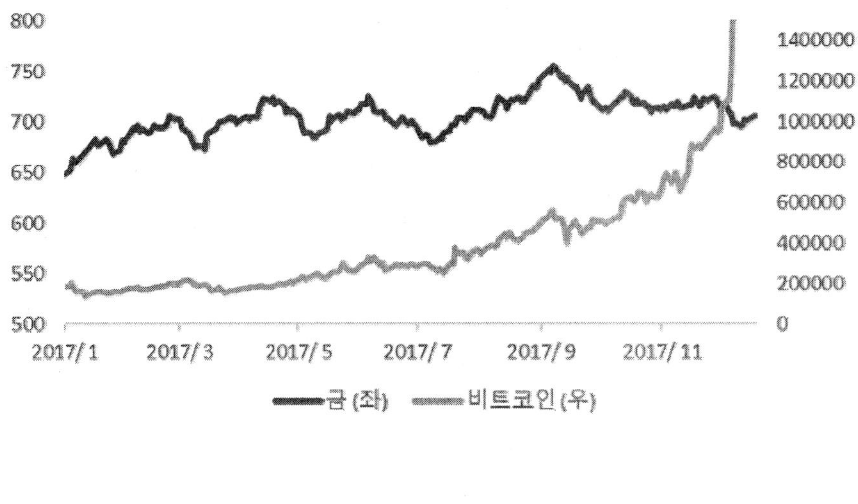

최근 특히나 비트코인이 각광받는 이유는 가치 보존력이 뛰어난 것으로 인식되면서

상대 가치의 희생이 낮을 가능성에 투자자들이 높은 점수를 주기 때문이다. 그런데 금과 비트코인과 같은 통화들은 교환 수단으로는 매우 불편하다. 반면에 기존 중앙은행 체재하의 불환화폐는 교환의 역할에 있어서는 훌륭하다. 투자자 들은 특정 통화가 지니는 가치 보존력과 교환 매체로서의 기능 사이에서 고민할 가능성이 높아졌다. 그런데 금에 비해 비트코인은 투자수익률이 상당히 높아졌지만 가치의 변동성이 높은 수준을 유지하면서 가치 보존력에 대해 의구심이 높아지고 있다. 연간 금의 표준편차는 12%인데 비해 비트코인은 60%의 연간 표준편차를 기록하며 5배에 해당하는 투자 위험을 나타내었다.

이러한 사례는 기존의 투자 수단에서도 쉽게 찾아볼 수 있다. 글로벌 투자자에게 보편적인 미국 대형주 지수와 유가를 비교해보면 투자 수익률과 투자 위험을 동시에 판단해 볼 수 있다. 2008년 이후 AC(After Crisis) 10년 시점에 미국 대형주 지수인 S&P500은 +81% 수익률을 기록한 반면 유가는 84% 손실을 기록했다. 정반대 수익률을 기록한 셈인데 실물의 가치 저장 수단은 오히려 유가가 가깝다고 할 수 있다.

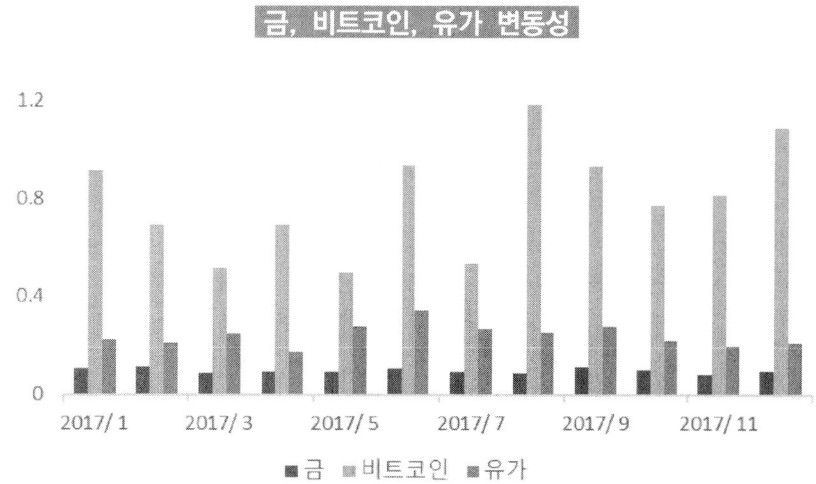

미국 대형주식 지수와 유가

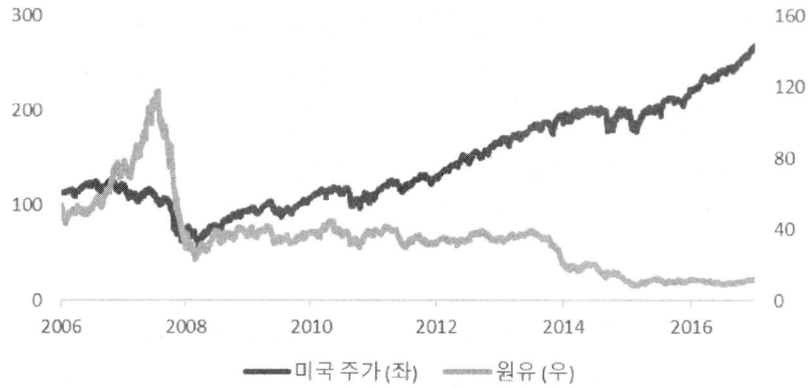

4부 Stop or Go
글로벌 투자를 이제 시작하시겠습니까?

당신의 자산은 이미 글로벌 시장에 연동되어 있다

글로벌 자산배분		
제로 금리	높은 주가	성장 부재

추천사

오랫동안 꿈을 그리는 사람은 마침내 그 꿈을 닮아 간다는 말이 있다. 저자는 한국에서 글로벌자산배분을 직접하는 몇 안 되는 투자자이다. 글로벌 자산배분을 오랫동안 준비하면서 얻은 소중한 경험을 모아서 2018년의 투자흐름을 조명하고 있다. 이 책은 글로벌 자산의 움직임을 ETF를 통해 쉽게 확인할 수 있도록 구성하여 한국에서 글로벌 시장을 꿈꾸는 투자자들을 위한 좋은 안내자이다.

\- 서유석 / 미래에셋자산운용 사장

당신의 자산은 이미 글로벌 시장에 연동되어 있다

한국에서도 대부분의 투자자들이 2008년 세계적인 금융위기를 통해 글로벌한 투자 경험을 하게 된다. 사실 파생상품으로 인한 시장실패가 미국에서 발생하였고 파생상품의 기초자산 역시 미국의 모기지(mortgage)였다. 그럼에도 불구하고 같은 시기에 한국 투자자들은 한국자산의 가격의 급락을 경험하게 되면서 아이러니하게 글로벌 자산에 대한 관심이 높아진다. 게다가 2010년 이후 한국 연금시장의 자본축척 속도는 규모의 경제를 기반으로 이전 시기보다 훨씬 빨라지고 있다.

장기 연금자산의 경우 그 규모가 커질수록 투자 위험의 기회금액이 커지고 있어 자산의 선택에 있어 위험의 관리가 특히 중요하다. 한국의 경제성장률은 다른 신흥시장에 비해 낮기도 하지만 저성장이 장기화되면서 글로벌 평균 성장률을 하회하는 구조가 고착화되었다. 결국 수익률을 높이기 위해 위험자산을 선택해야 하는데 위험을 분산하기 위해 글로벌 시장을 잘 활용하지 않을 수 밖에 없게 되었다.

국민연금 해외 투자 비중 계획

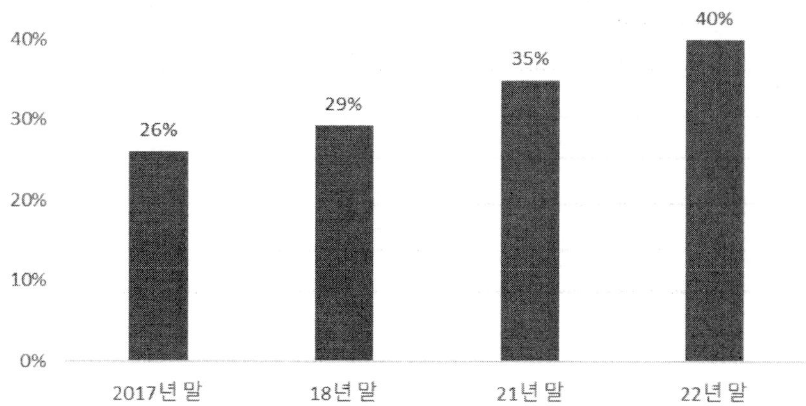

2017년의 경우 대부분 자산의 성과가 상당히 훌륭했지만 2018년은 제로금리가 일단락되면서 투자의 기회비용이 상승할 것이다. 수익률을 제고하기 위한 위험자산을 선택

할 수 밖에 없는 시기에 접어들었다고 볼 수 있다. 주식시장을 평가할 때의 기본은 이익의 성장률인데 주가의 상승을 위해서는 성장률의 개선 가능성이 중요하다.

아시아 주식시장에서는 경제 성장률이 높고 시장의 규모가 거대한 중국이 으뜸이지만 그 만큼 투자 위험 역시 높다. 하지만 중국은 최근 들어 경제성장률이 해마다 떨어지고 있다. 오히려 경제성장률이 낮아 마이너스 금리정책까지 실시한 일본의 경우 최근 들어 경제성장률이 해마다 개선되고 있고 2018년에는 인플레이션 가능성까지 고려하여 금리인상까지 고려 중에 있다. 수익률을 위해 안전자산을 줄이고 위험자산을 확대하는 것도 중요하지만 금리환경의 반전이 예상되는 상황이므로 자산배분비율이 가장 중요했던 2017년과 또 다른 한 해가 될 가능성이 높아졌다. 2018년은 새로운 금리 환경을 잘 고려하여 위험자산을 제대로 선택하고 포트폴리오를 구성하는 것이 요구되는 어려운 시기인 것이다.

돌이켜 보면 2016년말 트럼프의 행정부의 출발에 대부분의 한국 사람들이 놀랐다. 이유는 간단했다. 우리 삶에 지대한 영향이 있을 것이라는 것을 어렴풋이 느꼈기 때문이다. 물론 논리적으로 정확하거나 구체적인 경로 및 영향력의 크기는 알 수 없지만 어떤 형태로든 변화의 경제적인 영향이 있을 것이라고 우리는 직관적으로 판단한 것이다.

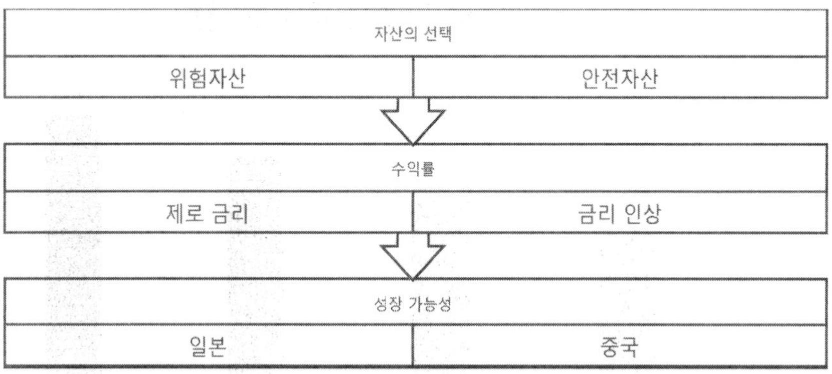

2017년이라는 시기에 흥미로운 현상 중 하나는 한국 경제의 구성원에게 10년 주기설이 특히 설득력 있게 작용하는 부분이 있다는 것이다. 이유는 1997년 외환위기와 2008년 금융위기에 이어 2017년이 10년째에 접어들기 때문이다. 혹시나 발현될 수 있는 어떤 위기나 위기를 짐작하게 하는 패턴이 나타날 가능성에 대해 관심이 높은 투자자들이 많다. 앞서도 현재를 AC 10년이라고 이야기 했을 때 한국 투자자는 의미가 남다른 것이다.

한국 경제성장률(2008년 금융위기 당일)

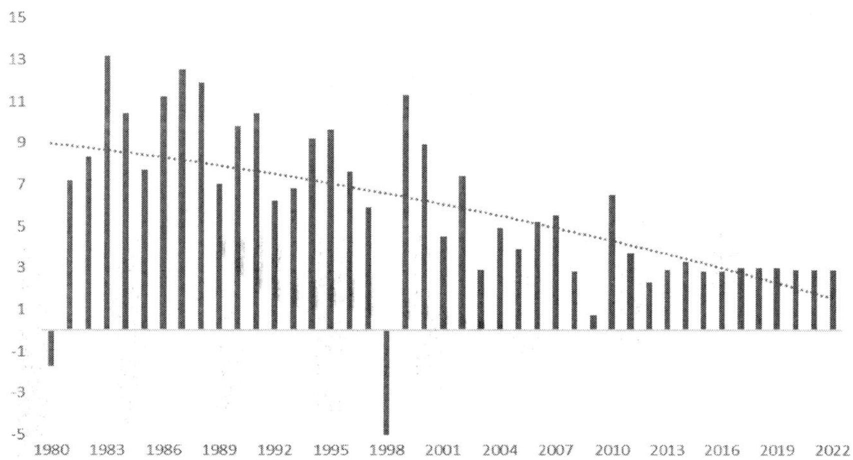

아직 우리는 위험자산에 대한 투자의 확신이 높다고 말하기는 이른 듯 하다. 투자자산의 가격의 거품은 자산에 대한 환상을 확신할 때 발생하는 것이기 때문이다. 단지 미국의 경기 회복이 10년을 지난 지금 우리는 이제 두려움을 고민하기 시작하고 있다. 새로운 경제 전환기에 우리가 서있다는 것을 어렴풋이 느끼고 있다는 사실은 확실하다. 정치적인 위험은 국수주의 통한 탈세계화 흐름과 포퓰리즘으로 나타나고 있다.

또한 경제적인 위험은 계층간 부의 불평등 증가와 노동인구의 감소가 중요한 문제로 부상하고 있다. 특히 양적완화 시기에 증가한 부채의 규모가 거대화되면서 불편한 경제 징후들 속에서 우리의 자산은 과연 안전할 것인가?

자산가격 하락폭

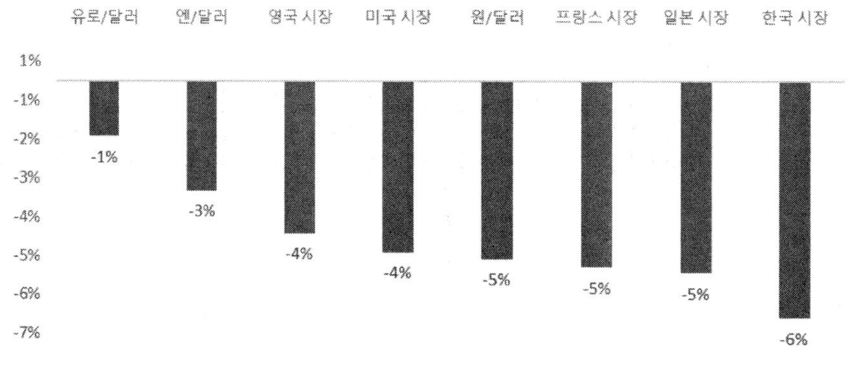

17. 제로 금리 시대의 종결에 대한 대처

이제 그 제로금리가 종언을 고하고 사라지고 있다. 투자자는 시장 수익률이 상승하기 때문에 투자 자산에 따라 좋은 환경이 될 수 있다. 하지만 문제는 기회비용이다.

돈을 빌리게 되면 응당 이자를 부담하는 것이 상식이지만 양적완화의 시기에는 이자를 내지 않거나 매우 낮은 이자를 부담하는 경우가 많았다. 금리를 결정하는 중앙은행이 정책금리를 제로(0)로 설정했기 때문에 차입자들은 부담없이 돈을 빌려서 하는 투자에 쉽게 나설 수 있었다. 즉 돈에 대한 기회비용이 제로이므로 투자활동에 제약이 거의 없었던 것이다.

한국의 개인 투자자들이 가장 선호하는 부동산 투자의 경우 그 기회비용이 최근 드라마틱하게 상승하고 있다. 한국의 은행들이 공통으로 사용하는 COFIX 금리를 기준으로 1년 전에 비해 기회비용은 1.51%에서 1.77%로 상승하여 기회비용 증가율은 17.2%로 급격히 상승하였다.

시장 금리 (COFIX)

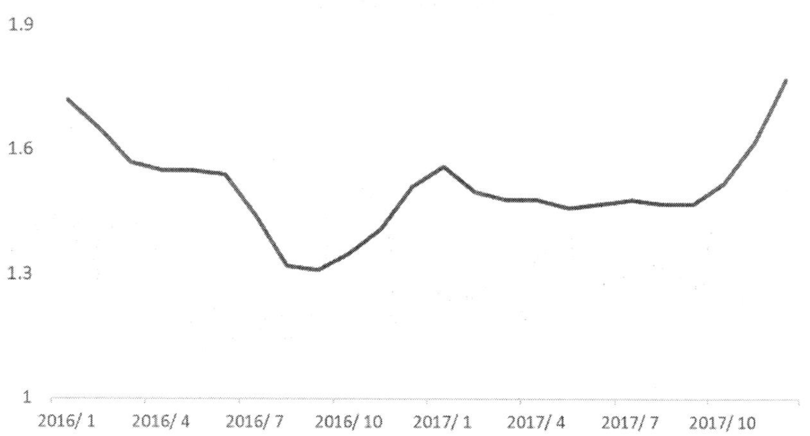

미국을 시작으로 유럽 중앙은행(ECB) 등 각국 중앙은행들이 2008년 금융위기에 대응하기 위해 풀었던 자금들을 거둬들이기 시작했다. 통화의 양적인 관리를 위해 실시하던 채권 매입을 축소하고 매각하는 방향으로 선회하면서 우회적인 긴축을 실시하고 있다. 미국은 직접적인 정책금리 인상을 실시하고 있으며 2년차에 접어들었다.

처음 미연준이 금리 인상을 통해 중앙은행의 긴축 신호를 보낼 때에 비해 최근 글로벌 투자자들의 심리적인 불편함이 오히려 높은 듯 하다. 물론 중앙은행들은 발표한 대로, 미연준은 이미 자산 축소 목표를 실행하고, 유럽중앙은행(ECB)은 양적완화 규모를 축소하는 계획을 진행하고 있을 뿐이다. 다만 미연준의 금리 인상속도가 빨라지게 되면 소비와 기업 투자의 위축이 경기에 해가 될 것을 우려하고 그 결과 미국 경제의 부진 가능성을 투자자들은 염려하는 것이다.

한국 국채가격 변동

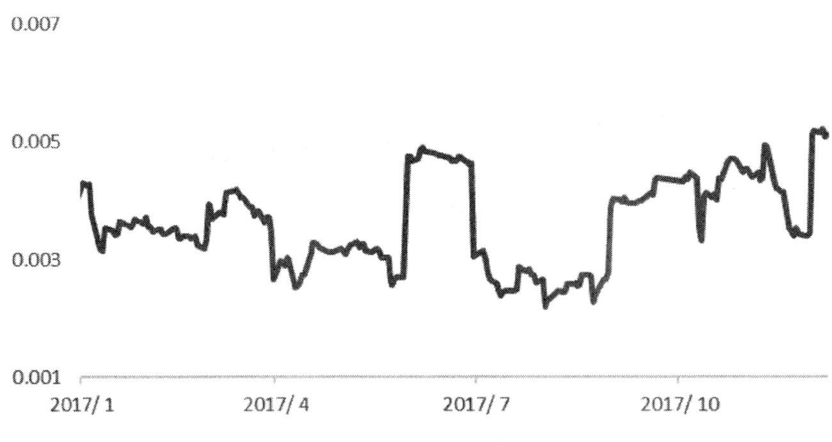

유동성 긴축에서 벗어나기 위한 투자자들은 유동성이 높은 자산을 주로 확보하거나 유동성에 대한 기회비용이 낮은 자산을 투자하려고 하는 경향이 뚜렷할 것이다. 현재 시장의 과잉 유동성을 축소하기 시작하면 단기적으로 현금성 자산이나 현금흐름이 좋은 자산의 선호가 높아질 것이다.

장기적으로는 높은 기회비용을 보상할 수 있는 위험대비 저평가 되어 있는 수익자산을 찾는데 몰두할 가능성이 높다. 결국 건전한 경제 성장기조가 계속된다면 장기적으로 안전자산보다는 위험자산에 대한 선호도가 지속적으로 높아질 것이다.

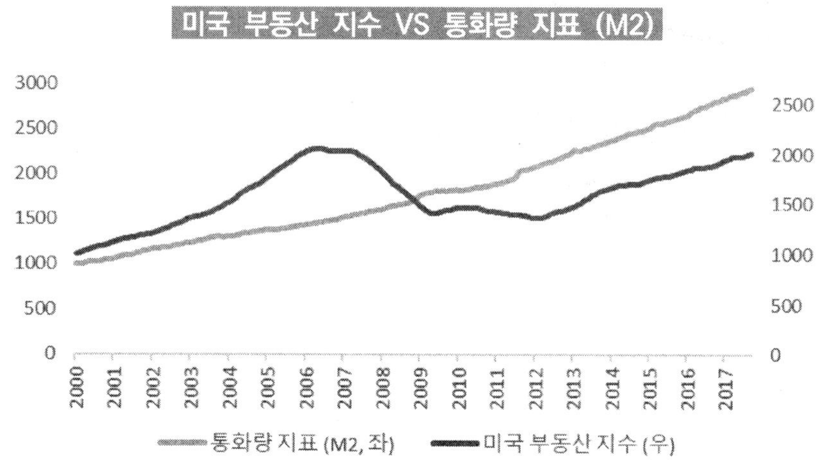

경기 개선을 기반한 금리 인상 구간에는 자산군별로 보면 유동성이 높은 주식이나 원자재에 대한 선호도가 높아지고 채권이나 부동산에 대해서는 선호도가 낮아질 것이다.

주가지수 VS 통화량 지표 (M2)

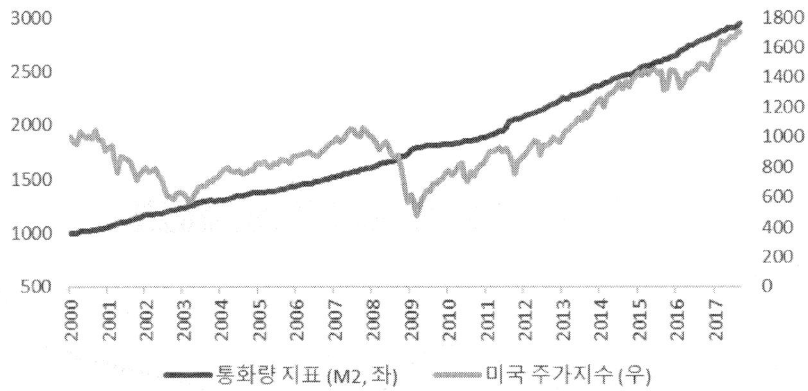

18. 과연 주식시장은 아직도 매력적인가?

유동성이 감소하는 구간에도 정말 주가는 상승할 수 있는가에 대한 대답을 하려면 유동성에 대한 기회비용을 먼저 알아야 한다. 현재 유동성의 기회비용인 금리 수준은 2%에도 미치지 못한다. 그런데 주가 역시 만만치 않게 상승하여 다우존스 산업평균 지수는 지난해 5500포인트나 올랐고 현재는 2만4000을 넘어서 사상 최고치를 경신하고 있는 중이다. 최근에는 미 세제 개편안 통과로 기업의 이익 증가 가능성이 높아지며 주가는 더욱더 탄력을 받은 상황이다.

현실적인 주가만 놓고 본다면 주식시장의 높아진 밸류에이션(실적 대비주가)에 대한 우려도 높은 편이다. 요즘 경제 전문 미디어인 WSJ(wall street journal)이나 bloomberg에서 자주 등장하는 표현으로 팽창된(inflated) 혹은 과장된(overstretched)이 있다. 이는 주가지수의 높은 밸류에이션에 대한 비유로 자주 언급되며 시장의 우려를 대변한다.

미국 대형주 밸류에이션

경기 침체기의 가장 중요한 필수 요소는 높은 밸류에이션(Valuation)이었다. 역사적으로도 1929년 대공황과 1990년대 후반 닷컴 버블의 붕괴 직전 증시 밸류에이션이 지금처럼 상당히 높다고 평가하던 수준이었다. 밸류에이션은 상대가치를 측정할 때 유용한데 시가 배당수익률(배당금/주가) 역시 간단하게 상대가치를 평가하기 편리하다. 2000년대 들어 1%까지 시가배당률이 하락한 적이 있으나 현재는 1.8% 수준으로 2010년 이후 지속적인 하락세를 보이고 있다. 주가대비 배당의 보상능력이 떨어지는 것을 의미하는데 이 역시 밸류에이션이 비싸다는 접근과 크게 다르지 않다.

미국 대형주 배당수익률

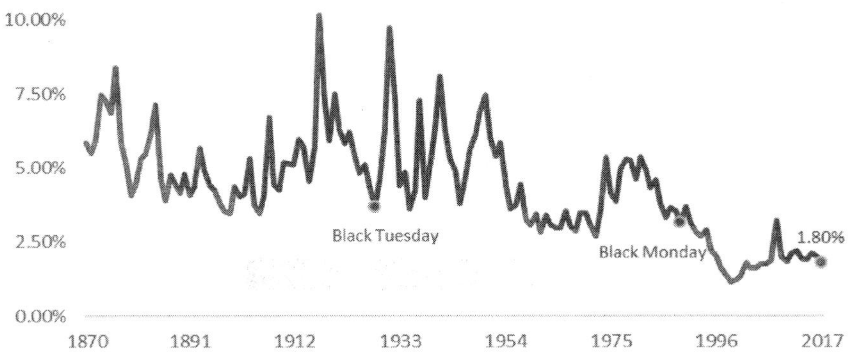

19. 이제 일본을 성장 시장이라고 불러도 될까?

일본의 TOPIX가 최고점을 찍는 것에 대해 놀라는 투자자들이 늘고 있다.한국 투자자들은 일본 시장에 대한 관심이 다른 시장에 비해 낮은 편이다. 그런데 우리는 일본에 대해 감정적으로 불편함이 강한 편이고 실제 한국 미디어들은 부정적인 해석이 많은 편이다. 하지만 일본 주식시장과 경제성장률의 강세는 냉정한 투자의 세계에서 현실이다.

최근 월스트리트 저널 등 경제 전문 미디어에서 일본 중앙은행이 내년에 10년물 목표금리 0→0.2~0.3%로 올리고 마이너스금리를 종료할 가능성이 높다는 기사를 내보내기 시작했다. 현재 일본중앙은행은 구로다 하루히코 총재가 취임한 이후 근 5년에 걸쳐 총 4조 달러(약 4천350조 원)의 유동성을 풀었다. 추가적으로 마이너스 금리정책을 실시하여 통화정책 완화를 공격적인 실행하여 시장 참여자들에게 강한 인상을 심어주었다.

▌엔케리트레이드의 마침표

하지만 일본중앙은행은 현재 공식적으로 금리정책의 변화를 시사하지는 않고 있지만 지난 11월초 스위스의 취리히 대학에서 행한 연설에서 저금리가 은행업계의 수익을 해치고 금융완화정책의 효과를 훼손할 리스크를 언급한 것을 두고 시장의 예측이 시작되었다. 또한 글로벌 미디어에서 취재를 통해 그 가능성을 언급하고 있다. 만약 일본이 금리 인상을 단행한다면 선진국 중에서 양적완화를 지속하는 국가는 없어지게 된다.

일본중앙은행이 내년에 한 차례 혹은 그 이상의 금리 인상을 단행할 경우 글로벌 자본시장은 전혀 새로운 금리사이클에 접어드는 것이다. 이미 미연준(FRB)이 금리인상 사이클에 진입했고 유럽중앙은행(ECB)과 영국중앙은행(BOE)은 계획을 발표한 상황이기 때문이다.

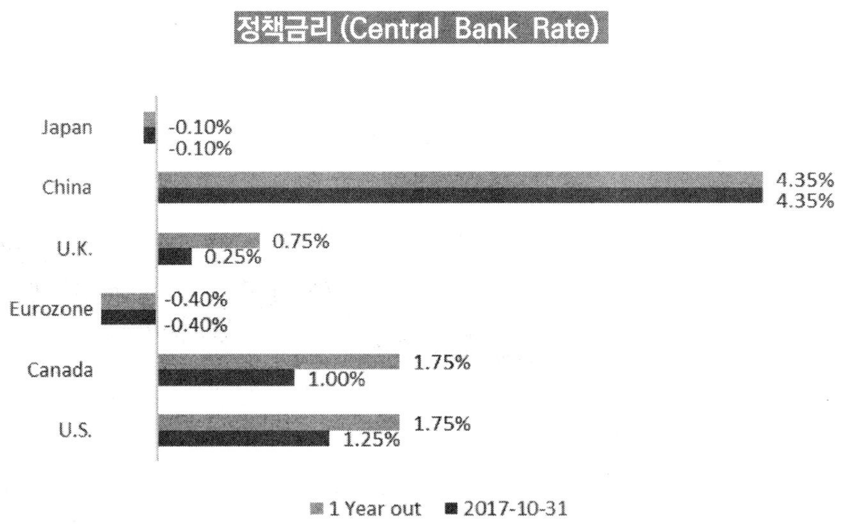

2017년 3분기까지는 다른 주요국 중앙은행들이 일본은행보다 적극적으로 긴축 행보를 보이고 있는 편이다. 일본 엔화의 저금리를 활용하기에 유리한 환경이기 때문에 아직 소위 엔케리트레이드(Yen carry trade)를 투자자들이 활용하고 있다.

20. 만약 당신이 글로벌 자산을 관리해야 한다면

한국 자산의 규모는 2.8조 달러 규모로 거래는 주식시장과 채권시장에서 이루어지고 있다. 이는 세계시장규모 153조 달러의 2%에도 미치지 못한 규모다. 한국 투자자라는 지역적인 특성 때문에 나머지 98%에 해당하는 글로벌 투자 기회를 포기할 수 밖에 없던 시절이 있었다. 그 이유는 해외투자의 장벽이 시간과 언어뿐만 아니라 정보의 접근 가능성이 너무나 낮았기 때문이다.

하지만 인터넷으로 연결된 현재는 언제나 글로벌과 연결되고 정보의 접근 가능성이 높아져 98%에 해당하는 글로벌 투자기회 손실을 선택할 이유가 전혀 없다. 게다가 다양한 글로벌 ETF를 통해 투자자산을 선택하고 위험을 낮추기 용이하도록 증권거래시스템이 준비되어 있다.

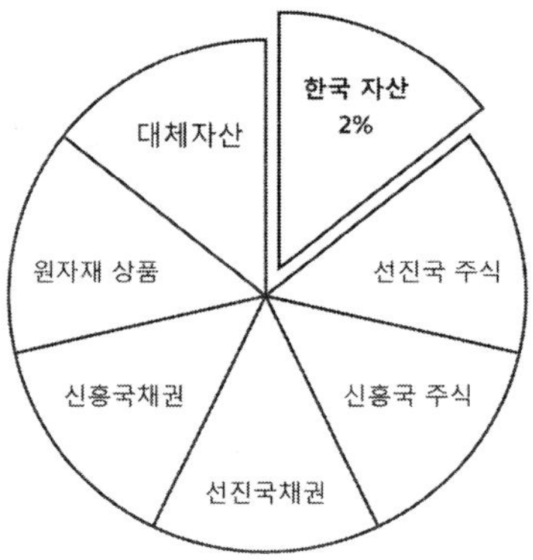

한편 금융위기와 같은 꼬리위험(tail risk)이 발생하는 시점에 신흥국 시장 혹은 한국 시장에만 투자하여 극단적으로 투자위험이 증가하는 경우를 우리는 자주 목도했다. 이런 시기에는 주가는 물론이고 채권, 부동산 등 대부분의 자산 가격이 폭락하는 경험을 여러 번 했다. 반면 글로벌 자산을 선택하고 다양화 하게 되면 시장 상황에 따라 투자된 자산의 비중을 조절하게 되면 새로운 수익률 추세를 만들어 낼 수 있다. 일반적으로 글로벌 위험자산에 6, 안전자산에 4 정도 비율로 투자하는 경우가 많다. 즉 98%의 글로벌 시장에 2%의 한국시장의 투자 기회를 넓히면 삼성전자뿐만 아니라 애플이나 구글, 알리바바, 버커셔헤더웨이와 같은 글로벌 1등 회사를 가지고 있는 미국 시장에도 쉽게 분산투자 가능하다. 또한 높은 신용등급을 보유한 회사들이 발행한 채권을 쉽게 거래할 수도 있고 안전한 선진국의 국채 중에 선택할 수 있는 여지도 증가한다.

미국 시가총액 20위 기업(2017년 12월 기준)

순위	티커	회사명	시가총액	산업군	산업
1	AAPL	Apple Inc.	898.78조 달러(USD)	Consumer Goods	Electronic Equipment
2	GOOGL	Alphabet Inc.	737.13조 달러(USD)	Technology	Internet Information Providers
3	GOOG	Alphabet Inc.	729.04조 달러(USD)	Technology	Internet Information Providers
4	MSFT	Microsoft Corporation	661.58조 달러(USD)	Technology	Business Software & Services
5	AMZN	Amazon.com, Inc.	569.80조 달러(USD)	Services	Catalog & Mail Order Houses
6	FB	Facebook, Inc.	516.44조 달러(USD)	Technology	Internet Information Providers
7	BRK-B	Berkshire Hathaway Inc.	488.24조 달러(USD)	Financial	Property & Casualty Insurance
8	BRK-A	Berkshire Hathaway Inc.	487.07조 달러(USD)	Financial	Property & Casualty Insurance
9	BABA	Alibaba Group Holding Limited	434.12조 달러(USD)	Services	Specialty Retail, Other
10	JNJ	Johnson & Johnson	378.73조 달러(USD)	Healthcare	Drug Manufacturers - Major
11	JPM	JPMorgan Chase & Co.	376.48조 달러(USD)	Financial	Money Center Banks
12	XOM	Exxon Mobil Corporation	352.10조 달러(USD)	Basic Materials	Major Integrated Oil & Gas
13	BAC	Bank of America Corporation	303.90조 달러(USD)	Financial	Money Center Banks
14	WFC	Wells Fargo & Company	298.70조 달러(USD)	Financial	Money Center Banks
15	WMT	Wal-Mart Stores, Inc.	292.74조 달러(USD)	Services	Discount, Variety Stores
16	RDS-A	Royal Dutch Shell plc	270.17조 달러(USD)	Basic Materials	Major Integrated Oil & Gas
17	RDS-B	Royal Dutch Shell plc	265.89조 달러(USD)	Basic Materials	Major Integrated Oil & Gas
18	V	Visa Inc.	252.12조 달러(USD)	Financial	Credit Services
19	T	AT&T Inc.	234.46조 달러(USD)	Technology	Telecom Services - Domestic
20	PG	The Procter & Gamble Company	233.83조 달러(USD)	Consumer Goods	Personal Products

자산의 종류를 확대하고 투자지역을 넓히게 되면 고르게 분산된 투자자산 집합, 즉 포트폴리오를 만들 수 있다. 분산된 투자 포트폴리오는 변동성이나 수익률 측면에서 안정적인 성과를 기대할 수 있어 한 번에 얻을 수 있는 수익의 크기는 제한된다. 하지만 투자 수익률 순위는 장기적으로 평균 이상을 기록하게 된다.

2017년 동안 대표적인 자산들의 월별 수익률 순위를 보면 흥미롭다. 올 한해 수익률이 뛰어났던 한국시장 수익률은 전체 순위에서 1등과 꼴찌(6등)를 자주 반복하며 순위 변동이 아주 심하게 나타난다. 반면에 글로벌 자산배분(글로벌주식 60%, 미국국채 40%)의 등수가 2~4등을 반복하여 평균이상의 수익률을 기록하고 있다. 또한 국내자산배분(KOSPI 200지수 60%, 한국국채 40%) 역시 등수가 2~5등을 반복하며 안정적인 수익률 패턴을 기록하였다.

2017년 월별 자산군 수익률 순위

	KOSPI 200지수	글로벌주식지수	미국국채 10년	한국국채 3년	글로벌자산배분	국내자산배분
2017-12-01	1	3	5	6	4	2
2017-11-01	6	1	4	3	2	5
2017-10-01	1	3	5	6	4	2
2017-09-01	1	2	6	5	4	3
2017-08-01	6	3	1	4	2	5
2017-07-01	3	1	5	6	2	4
2017-06-01	1	3	6	4	5	2
2017-05-01	1	3	5	6	4	2
2017-04-01	4	1	3	6	2	5
2017-03-01	1	3	6	5	4	2
2017-02-01	4	1	3	6	2	5
2017-01-01	1	2	5	6	4	3

2017년은 경기가 완만하게 회복되는 가운데에도 물가는 안정적인 골디락스(Goldilocks) 구간이라고 표현하는 투자자들이 많다. 이런 경제상황을 두고 투자자들은 지속하기를 바라지만 그 가능성에 대한 질문을 던지게 된다. 따라서 위험자산에 모든 자금을 투입하기도 두렵고 좋은 시기를 외면하기에는 안타까운 시절인 셈이다. 사실 글로벌 자산배분을 통해서 얻을 수 있는 것은 최선이라기 보다 차선에 가깝다. 투자의 출발점이 돈을 버는 것보다 잃지 않는 것이기 때문에 골디락스가 끝나는 시점을 알 수 없는 투자자의 입장에서는 차선의 수익률을 통해 최선의 목표를 달성하는 것이 필요하다.

실제로 차선의 수익률을 확인하기 위해 월별로 달성한 수익 순위를 점수화하여 3년 정도 수익률 패턴을 관찰해 보자. 이를 통해 장기적인 투자의 전략을 수립하는데 도움이 된다.

자산군 월별 수익률 점수

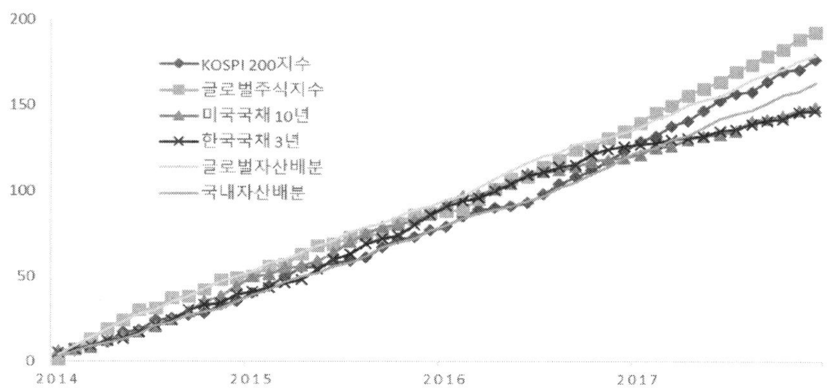

5부
Global ETF Chart Book Index

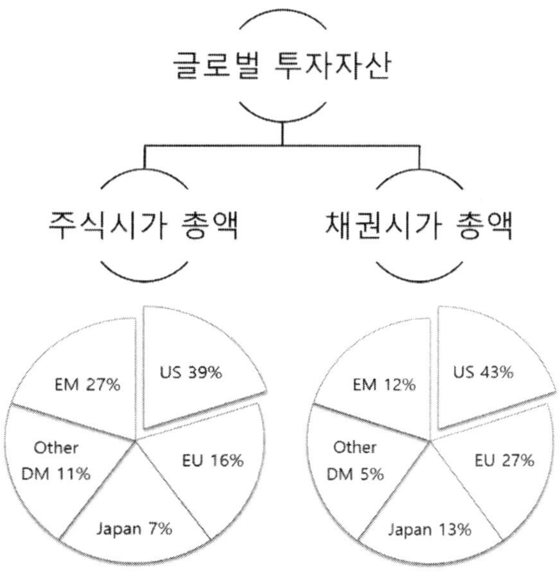

추천사

글로벌 시장은 많은 변화와 리스크가 생물처럼 상존해 있고 우리는 이러한 상황 속에서 늘 투자에 대한 고민을 하고 있다.계단을 밟아야 계단 위에 올라설수 있듯이, 투자의 계단을 밟을 수 있는 글로벌 트렌드를 이해해야 하는 시대가 이미 도래했다. 이 책은 복잡한 글로벌 투자환경을 간단하게 정리하고 시장현상을 명료한 논리로 설명하고 있다. 현실적으로 사용할 수 있는 투자수단(ETF)의 차트를 통해 다양한 글로벌 자산을 구성할 수 있도록 소개한 것은 금융투자의 현장에서 뛰고 있는 이들에게 좋은 길잡이가 될 것이라 확신한다.

- 박재경 / BNK금융지주 사장

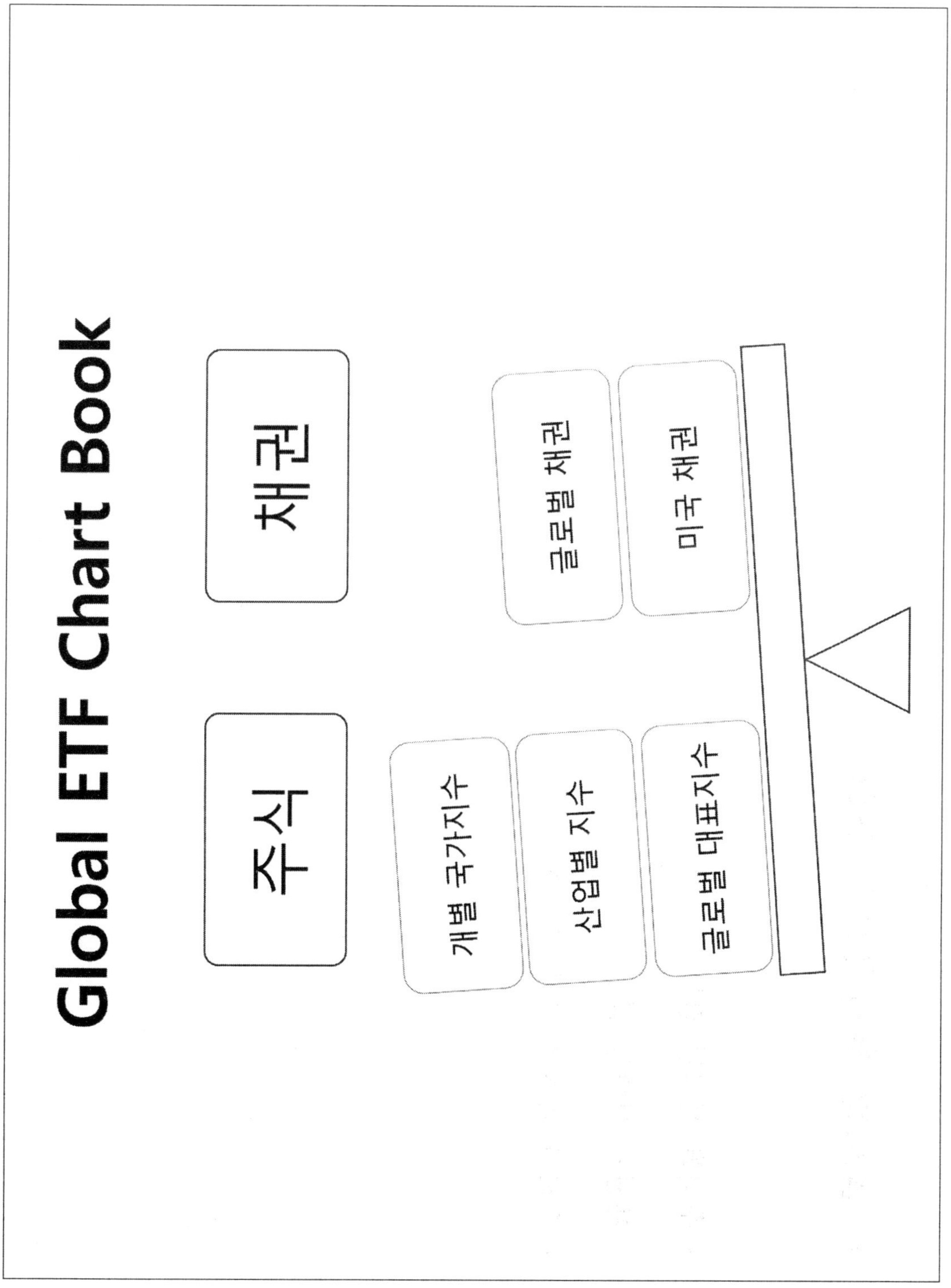
Global ETF Chart Book
주식
채권
개별 국가지수
산업별 지수
글로벌 대표지수
글로벌 채권
미국 채권

1. 글로벌 투자자산의 조합

- 주식을 선택한 경우
- 채권을 선택한 경우
- 주식과 채권을 같이 선택한 경우

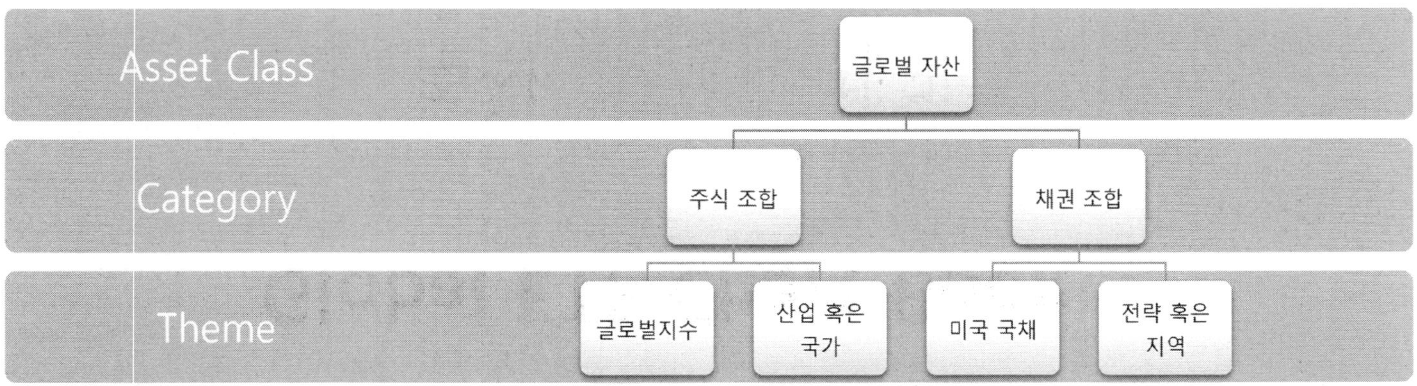

2. 글로벌 대표 지수의 활용

- 위험자산(주식)을 선택한 경우
- 대형주를 선택한 경우
- 기술주(성장주)를 선택한 경우

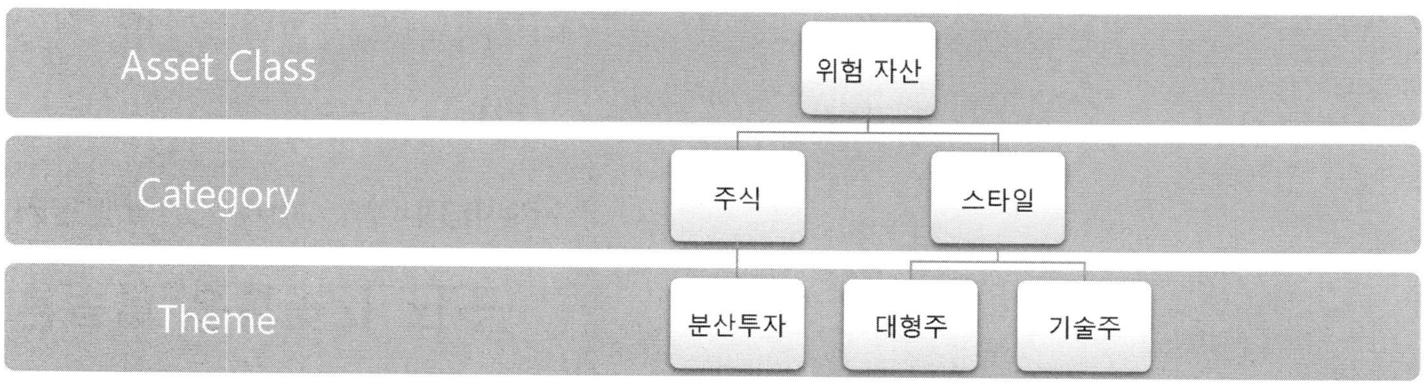

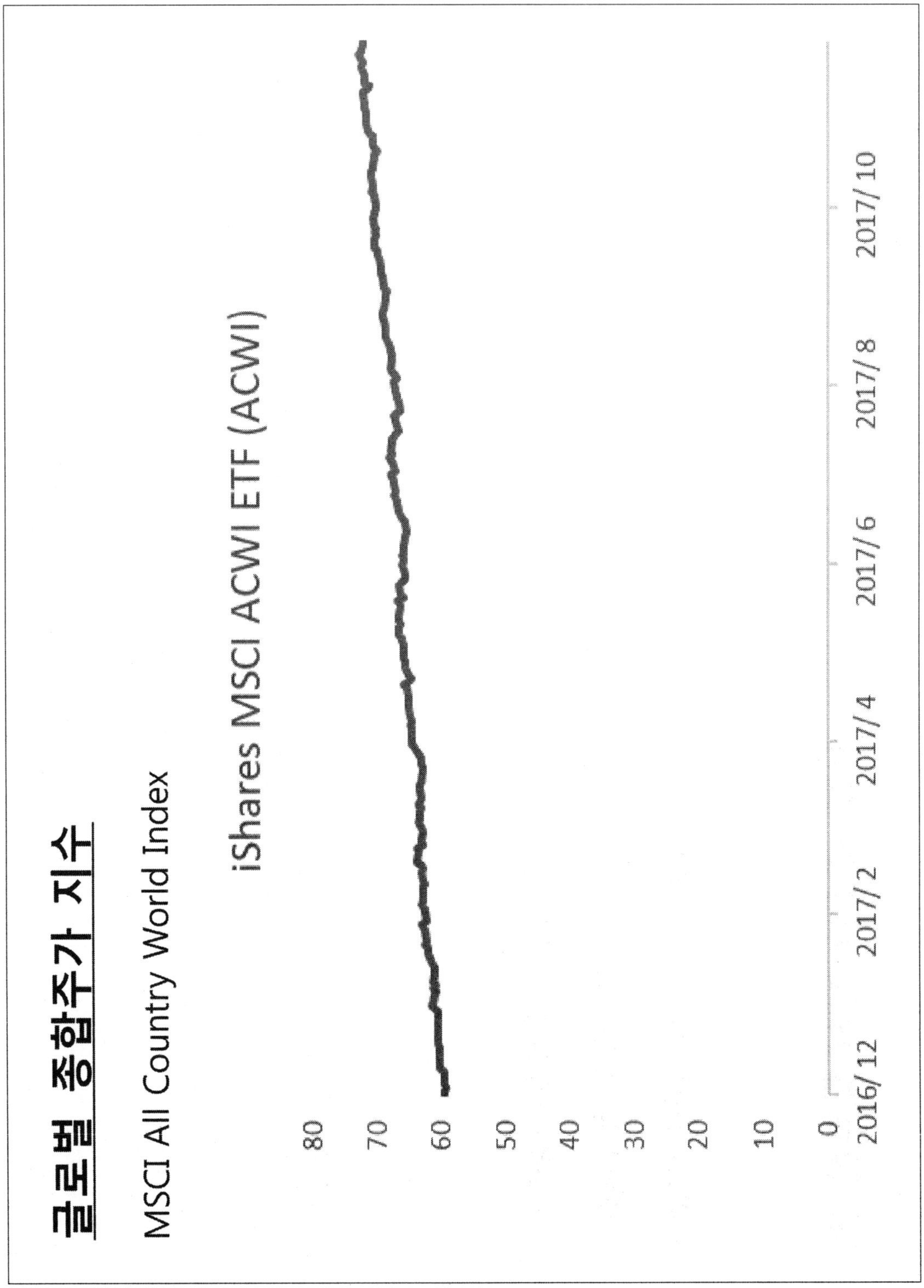
글로벌 종합주가 지수
MSCI All Country World Index
iShares MSCI ACWI ETF (ACWI)
80
70
60
50
40
30
20
10
0
2016/12
2017/2
2017/4
2017/6
2017/8
2017/10

미국 다우존스 지수
Dow Jones Industrial Average
SPDR Dow Jones Industrial Average ETF (DIA)
300
250
200
150
100
50
0
2016/12
2017/2
2017/4
2017/6
2017/8
2017/10

미국 대형종목 주가지수
S&P 500 Index
SPDR S&P 500 ETF (SPY)
280
270
260
250
240
230
220
210
200
2016/12
2017/2
2017/4
2017/6
2017/8
2017/10

미국 기술산업 주가지수
NASDAQ-100 Index
PowerShares QQQ ETF (QQQ)
180
160
140
120
100
80
60
40
20
0
2016/12
2017/2
2017/4
2017/6
2017/8
2017/10

3. 주식 투자자산의 활용

주식을 선택한 경우

Step 1. 주식 시장의 가장 강력한 위험 분산투자 방법의 선택

: 글로벌 주가지수(All Country World Index)의 활용

Step 2. 알파(추가수익)를 획득할 수 있는 투자 수단의 선택

: 전략(산업)혹은 지역(국가)의 활용

Step 3. 낮은 위험으로부터 높은 위험으로 확대하며 목표로 한 수익률 선택

: 위험의 기본 + 알파= 글로벌 주가지수 + 전략(산업)혹은 지역(국가)

투자자산 선택 Case 1. 글로벌 주식

1. 전략-특정 산업투자를 통한 플러스알파
2. 지역-특정 국가투자를 통한 플러스알파

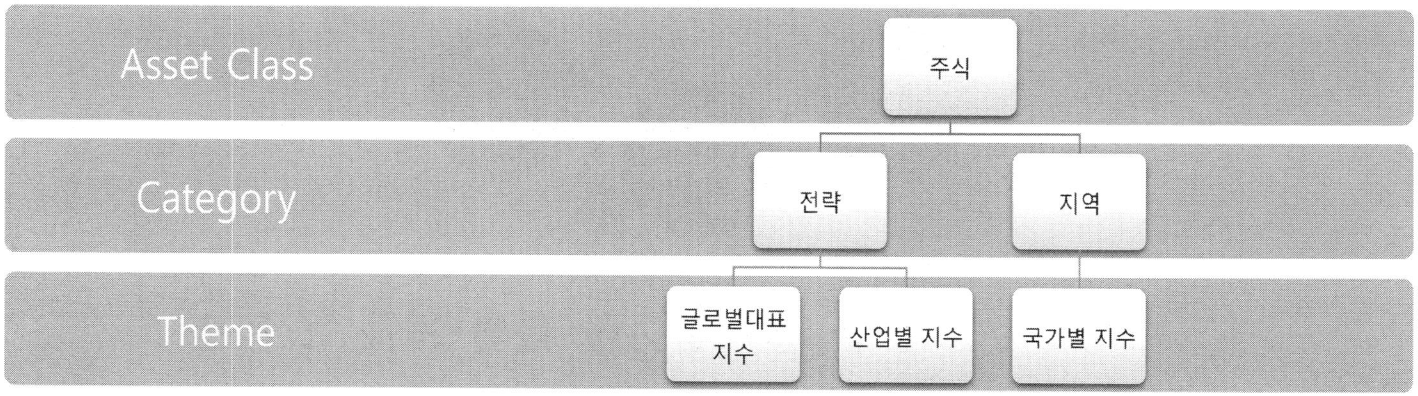

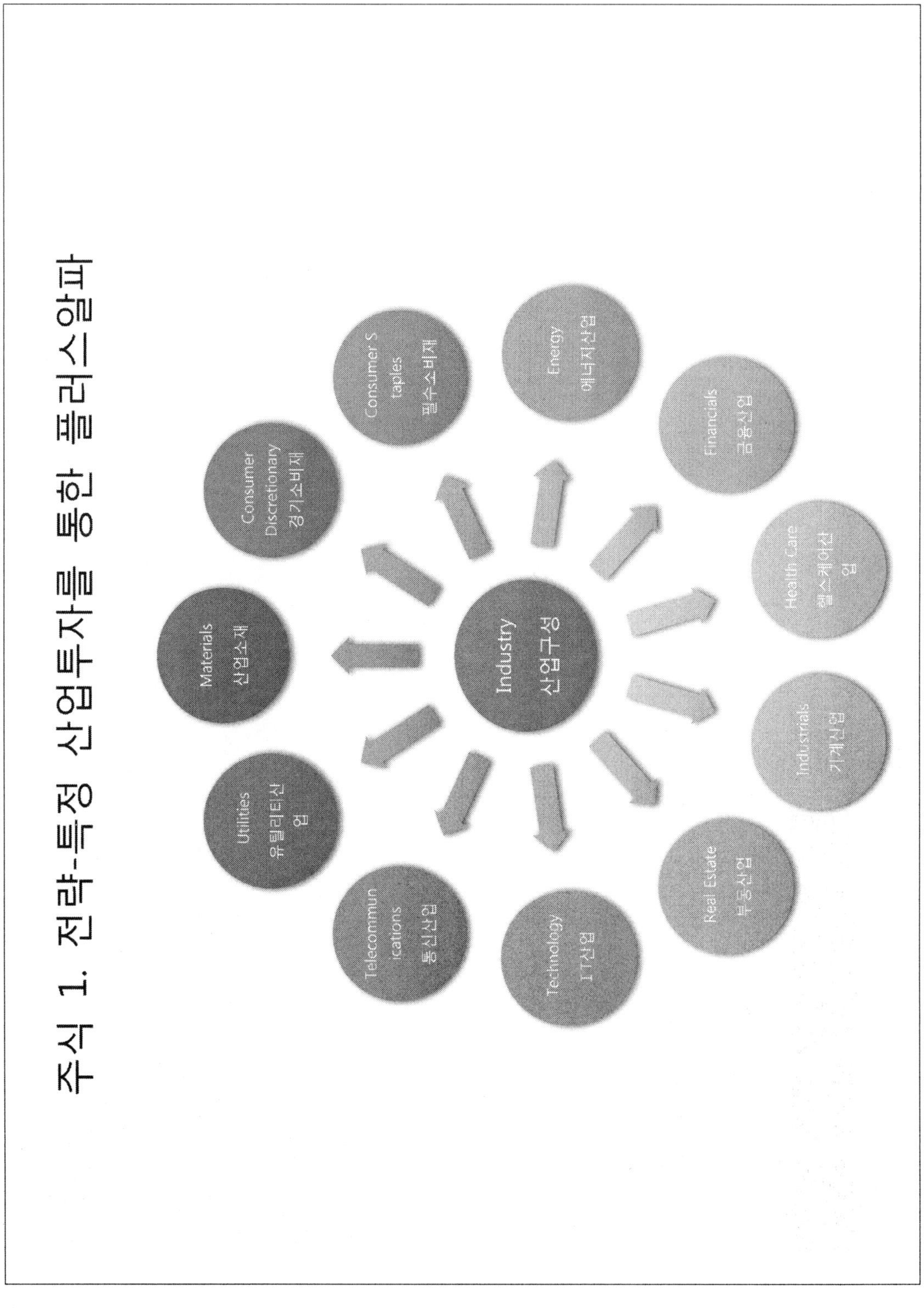
주식 1. 전략-특정 산업투자를 통한 플러스알파
Industry
산업구성
Materials
산업소재
Consumer Discretionary
경기소비재
Consumer S taples
필수소비재
Energy
에너지산업
Financials
금융산업
Health Care
헬스케어산업
Industrials
기계산업
Real Estate
부동산업
Technology
IT산업
Telecommun ications
통신산업
Utilities
유틸리티산업

미국 산업소재 지수

S&P Materials Select Sector Index

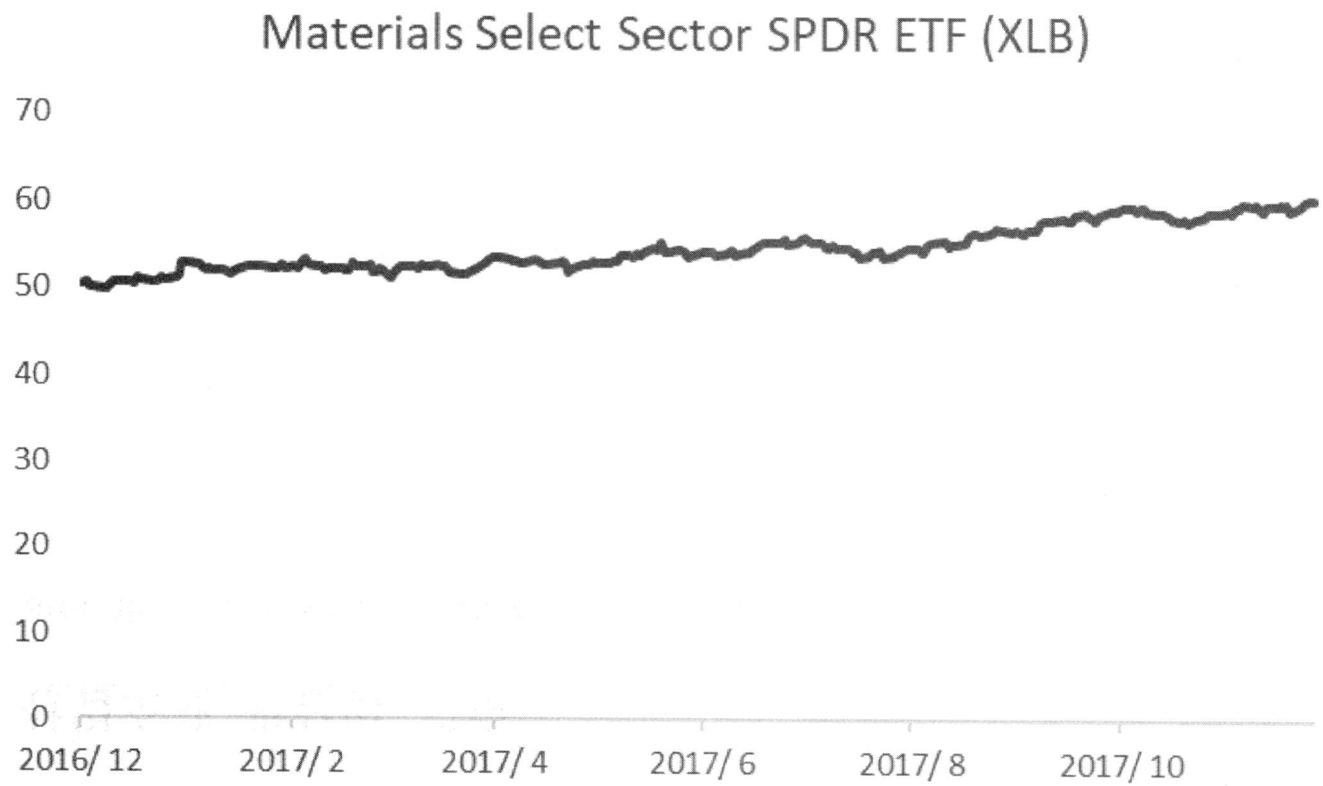

미국 산업소재-광산업 지수

S&P Materials Select Sector Index

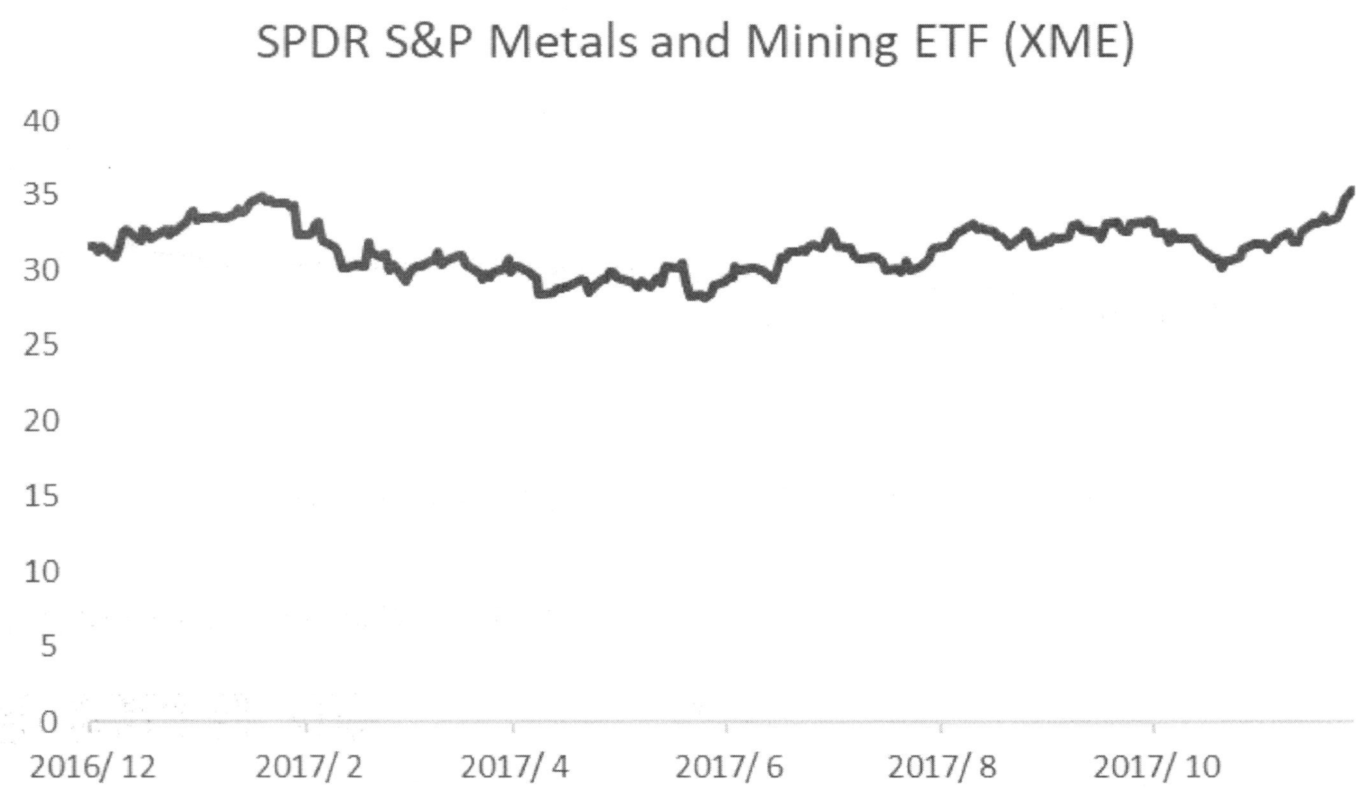

미국 경기소비 지수
S&P Consumer Discretionary Select Sector Index
Consumer Discret Sel Sect SPDR ETF (XLY)
120
100
80
60
40
20
0
2016/12
2017/2
2017/4
2017/6
2017/8
2017/10

미국 경기소비-주택건설업 지수
S&P Consumer Discretionary Select Sector Index
SPDR S&P Homebuilders ETF (XHB)
50
45
40
35
30
25
20
15
10
5
0
2016/12
2017/2
2017/4
2017/6
2017/8
2017/10

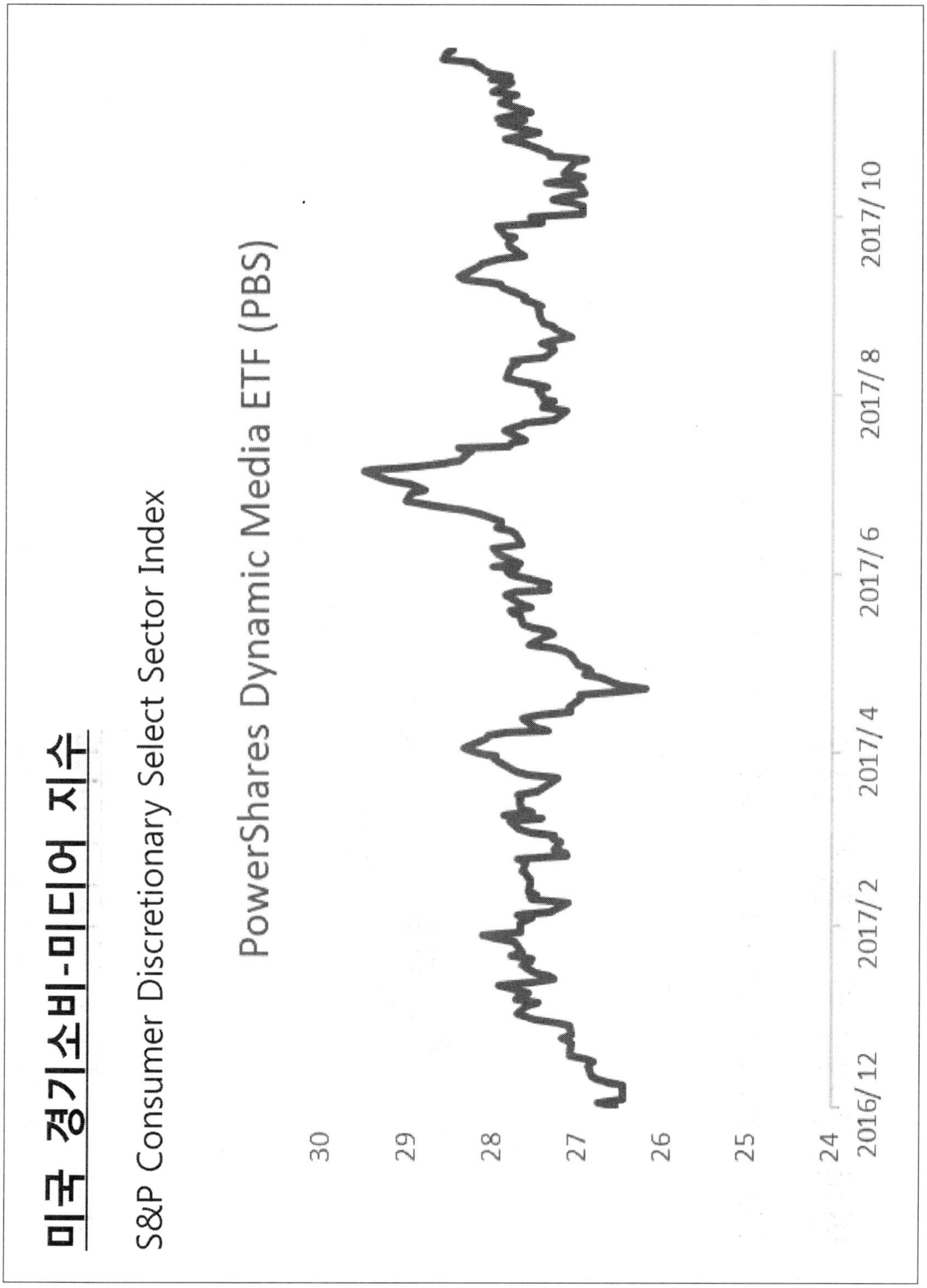
미국 경기소비-미디어 지수
S&P Consumer Discretionary Select Sector Index
PowerShares Dynamic Media ETF (PBS)
30
29
28
27
26
25
24
2016/12
2017/2
2017/4
2017/6
2017/8
2017/10

미국 경기소비-소매업 지수

S&P Consumer Discretionary Select Sector Index

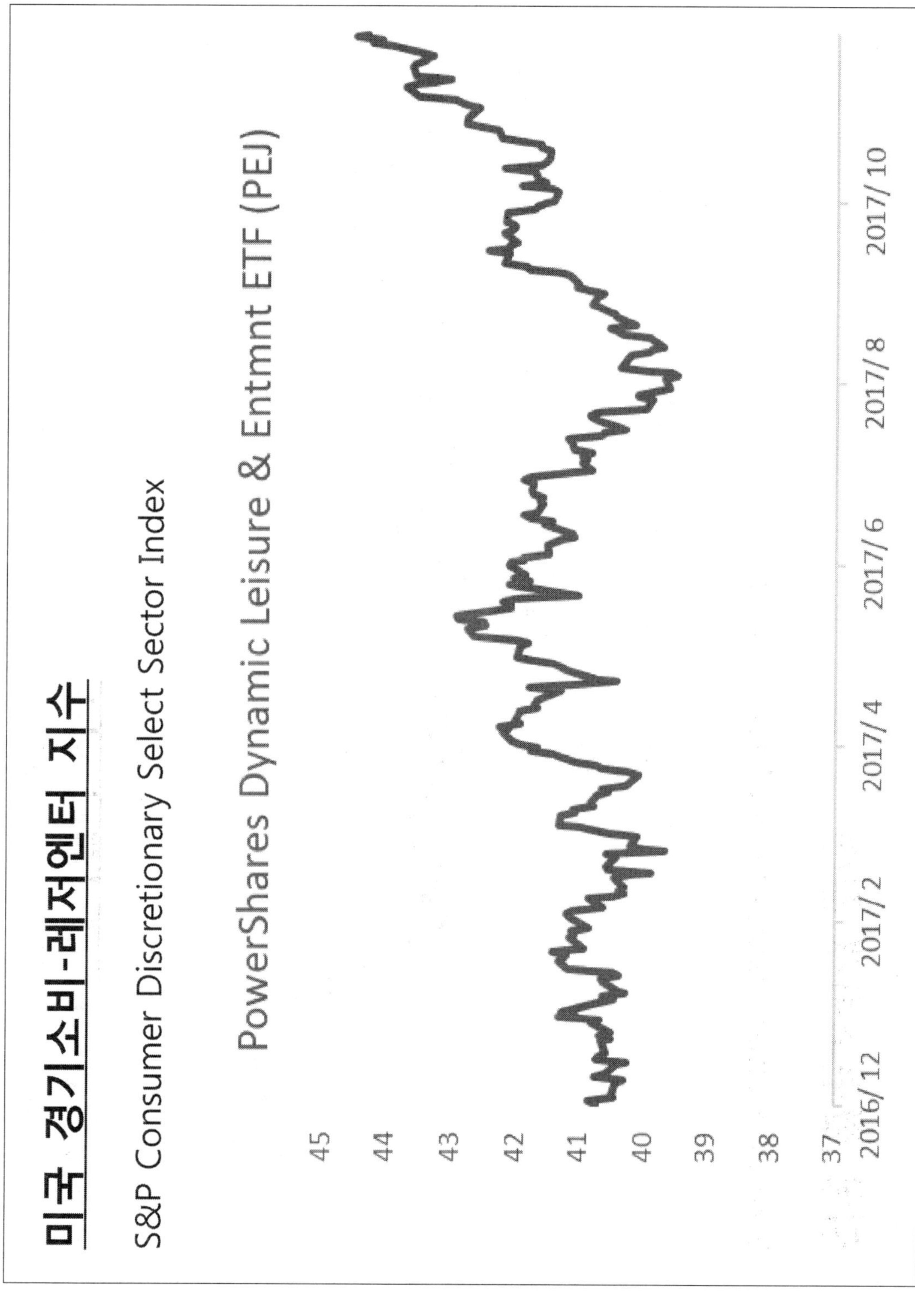
미국 경기소비-레저엔터 지수
S&P Consumer Discretionary Select Sector Index
PowerShares Dynamic Leisure & Entmnt ETF (PEJ)
45
44
43
42
41
40
39
38
37
2016/12
2017/2
2017/4
2017/6
2017/8
2017/10

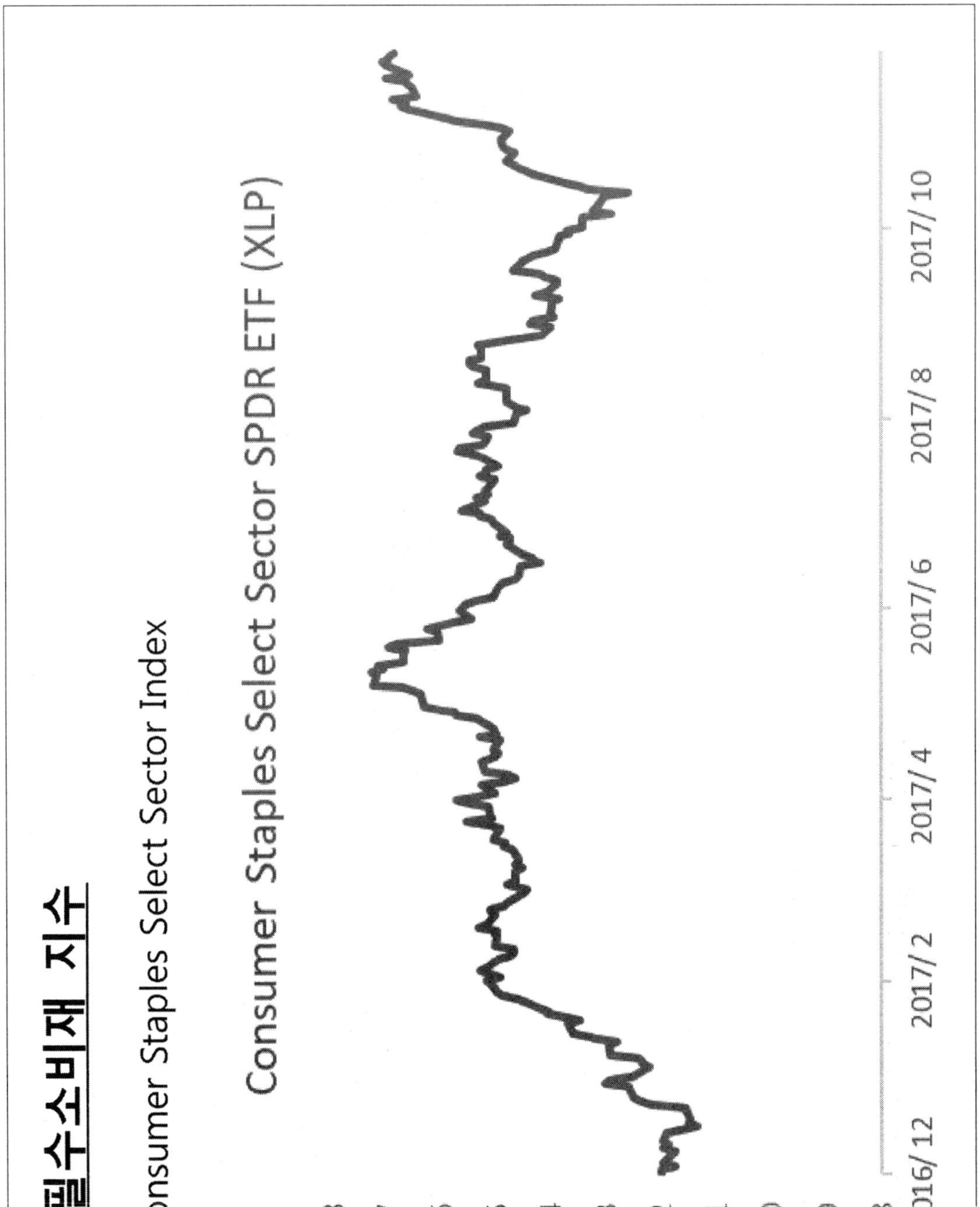
미국 필수소비재 지수
S&P Consumer Staples Select Sector Index
Consumer Staples Select Sector SPDR ETF (XLP)
58
57
56
55
54
53
52
51
50
49
48
2016/12
2017/2
2017/4
2017/6
2017/8
2017/10

미국 필수소비재-식음료 지수
S&P Consumer Staples Select Sector Index
PowerShares Dynamic Food & Beverage ETF (PBJ)
34.5
34
33.5
33
32.5
32
31.5
31
30.5
30
29.5
29
2016/12
2017/2
2017/4
2017/6
2017/8
2017/10

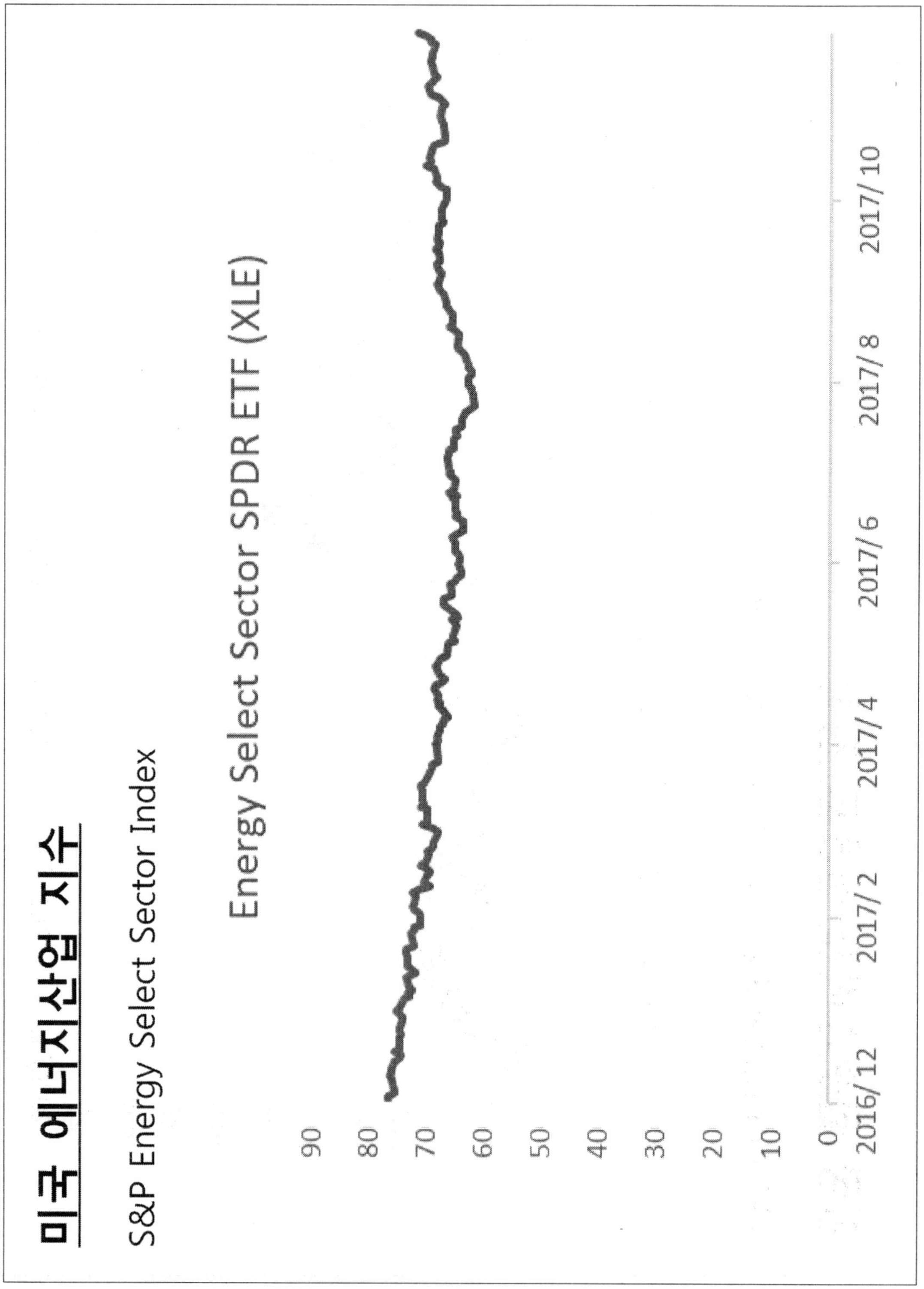
미국 에너지산업 지수
S&P Energy Select Sector Index
Energy Select Sector SPDR ETF (XLE)
90
80
70
60
50
40
30
20
10
0
2016/12
2017/2
2017/4
2017/6
2017/8
2017/10

미국 에너지산업-시추 장비와 서비스 지수

S&P Energy Select Sector Index

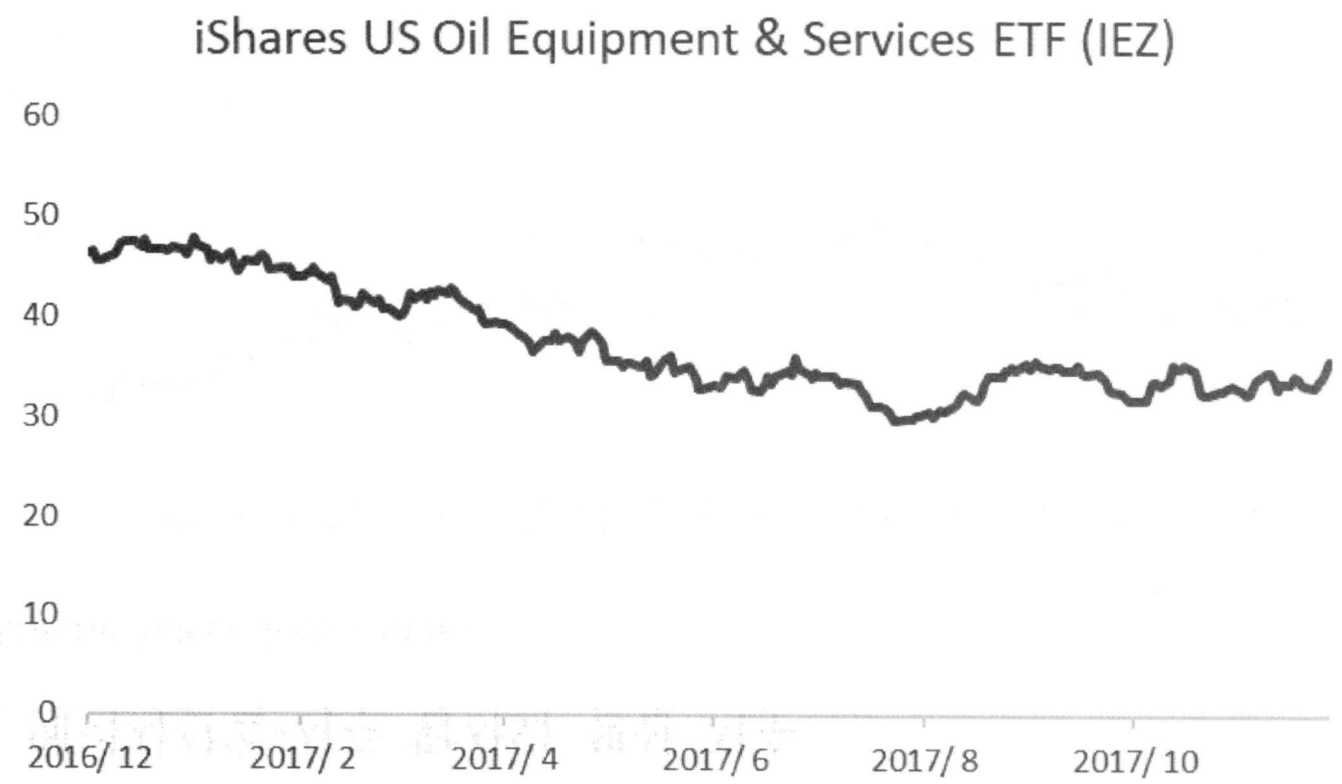

미국 에너지산업-시추 탐사와 생산 지수
S&P Energy Select Sector Index
SPDR S&P Oil & Gas Explor & Prodtn ETF (XOP)
45
40
35
30
25
20
15
10
5
0
2016/12
2017/2
2017/4
2017/6
2017/8
2017/10

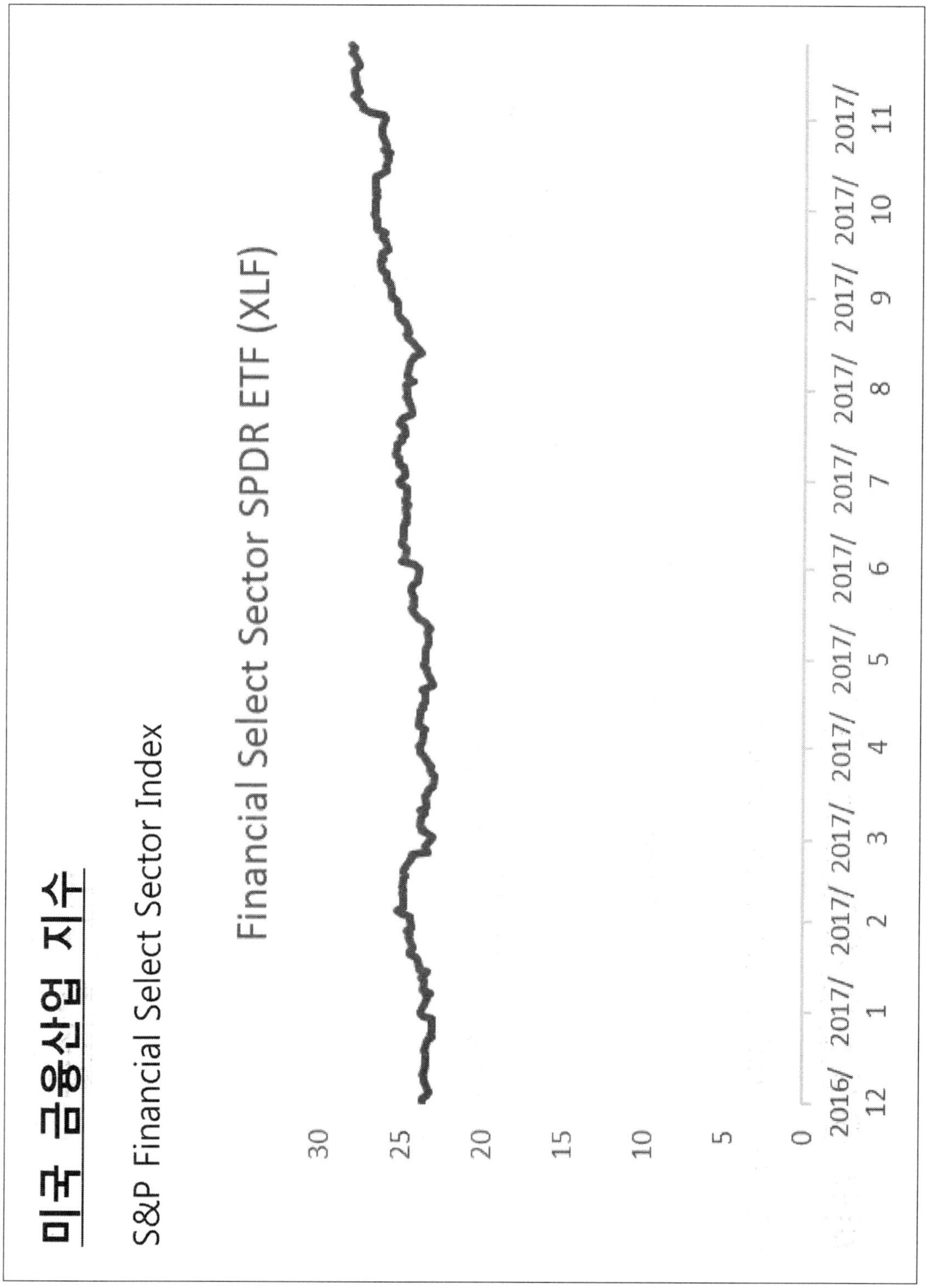
미국 금융산업 지수
S&P Financial Select Sector Index
Financial Select Sector SPDR ETF (XLF)
30
25
20
15
10
5
0
2016/12
2017/1
2017/2
2017/3
2017/4
2017/5
2017/6
2017/7
2017/8
2017/9
2017/10
2017/11

미국 금융산업-은행산업 지수
S&P Financial Select Sector Index
PowerShares KBW Bank ETF (KBWB)
60
50
40
30
20
10
0
2016/12
2017/2
2017/4
2017/6
2017/8
2017/10

미국 금융산업-증권업 지수
S&P Financial Select Sector Index
iShares US Broker-Dealers&Secs Exchs ETF (IAI)
70
60
50
40
30
20
10
0
2016/12
2017/2
2017/4
2017/6
2017/8
2017/10

미국 금융산업-금융서비스 지수
S&P Financial Select Sector Index
iShares US Financial Services ETF (IYG)
140
120
100
80
60
40
20
0
2016/12
2017/2
2017/4
2017/6
2017/8
2017/10

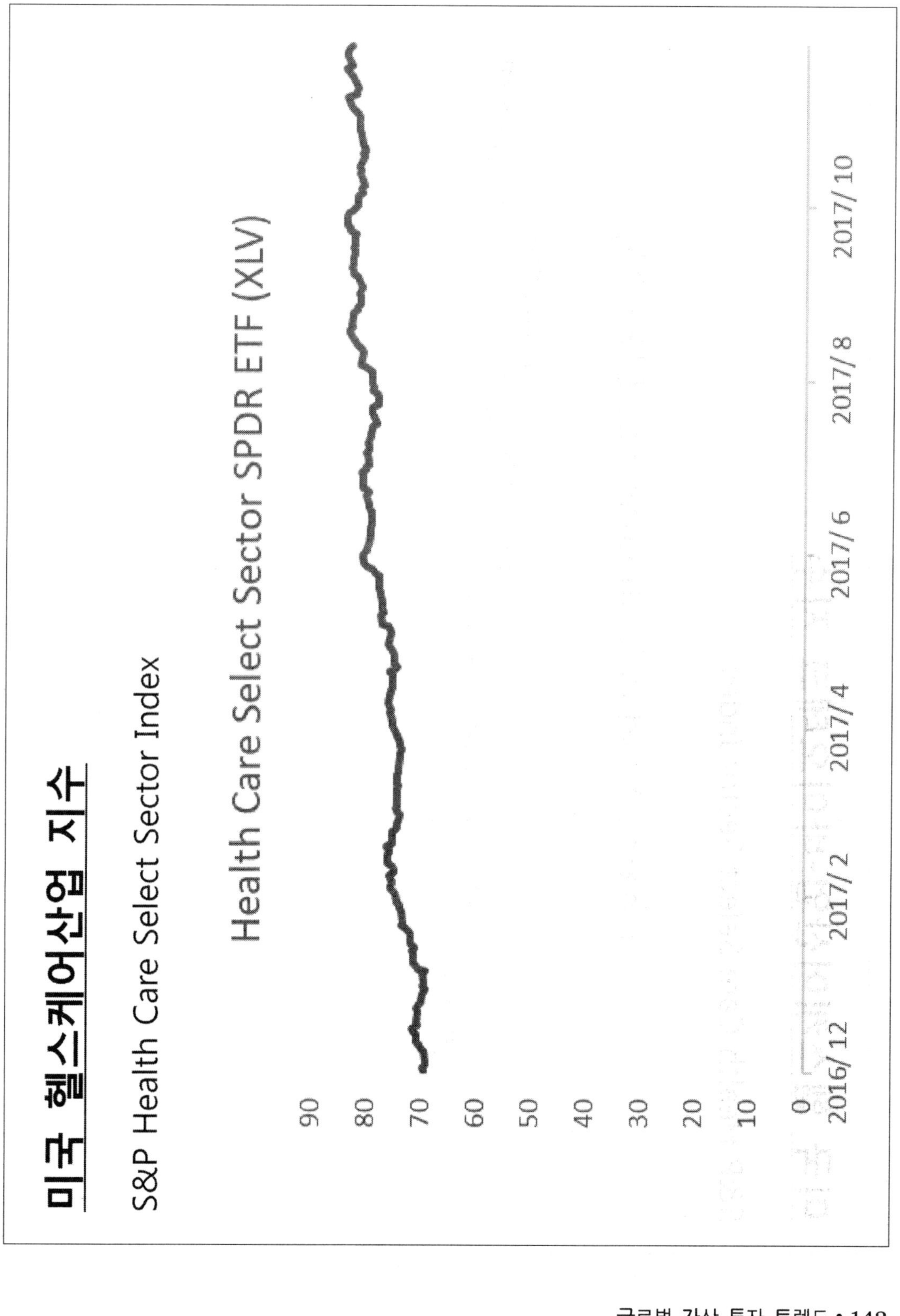
미국 헬스케어산업 지수
S&P Health Care Select Sector Index
Health Care Select Sector SPDR ETF (XLV)
90
80
70
60
50
40
30
20
10
0
2016/12
2017/2
2017/4
2017/6
2017/8
2017/10

미국 헬스케어산업-바이오테크 지수
S&P Health Care Select Sector Index
iShares Nasdaq Biotechnology ETF (IBB)
120
100
80
60
40
20
0
2016
2017
2017
2017
2017
2017

미국 헬스케어산업-의료장비 지수
S&P Health Care Select Sector Index
iShares US Medical Devices ETF (IHI)
200
180
160
140
120
100
80
60
40
20
0
2016/12
2017/2
2017/4
2017/6
2017/8
2017/10

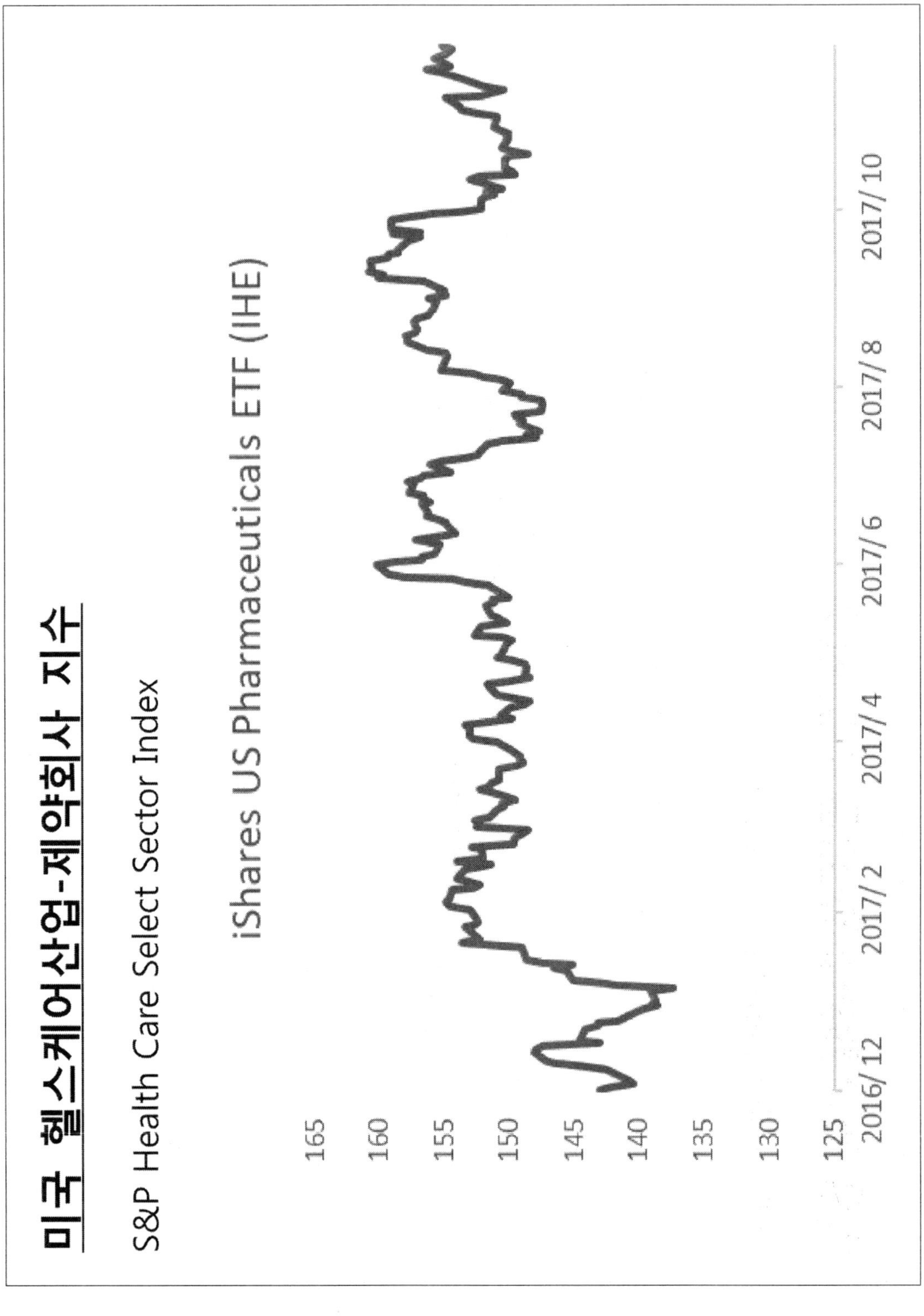

미국 헬스케어산업-제약회사 지수
S&P Health Care Select Sector Index
iShares US Pharmaceuticals ETF (IHE)
165
160
155
150
145
140
135
130
125
2016/12
2017/2
2017/4
2017/6
2017/8
2017/10

미국 헬스케어산업-의료기계 지수

S&P Health Care Select Sector Index

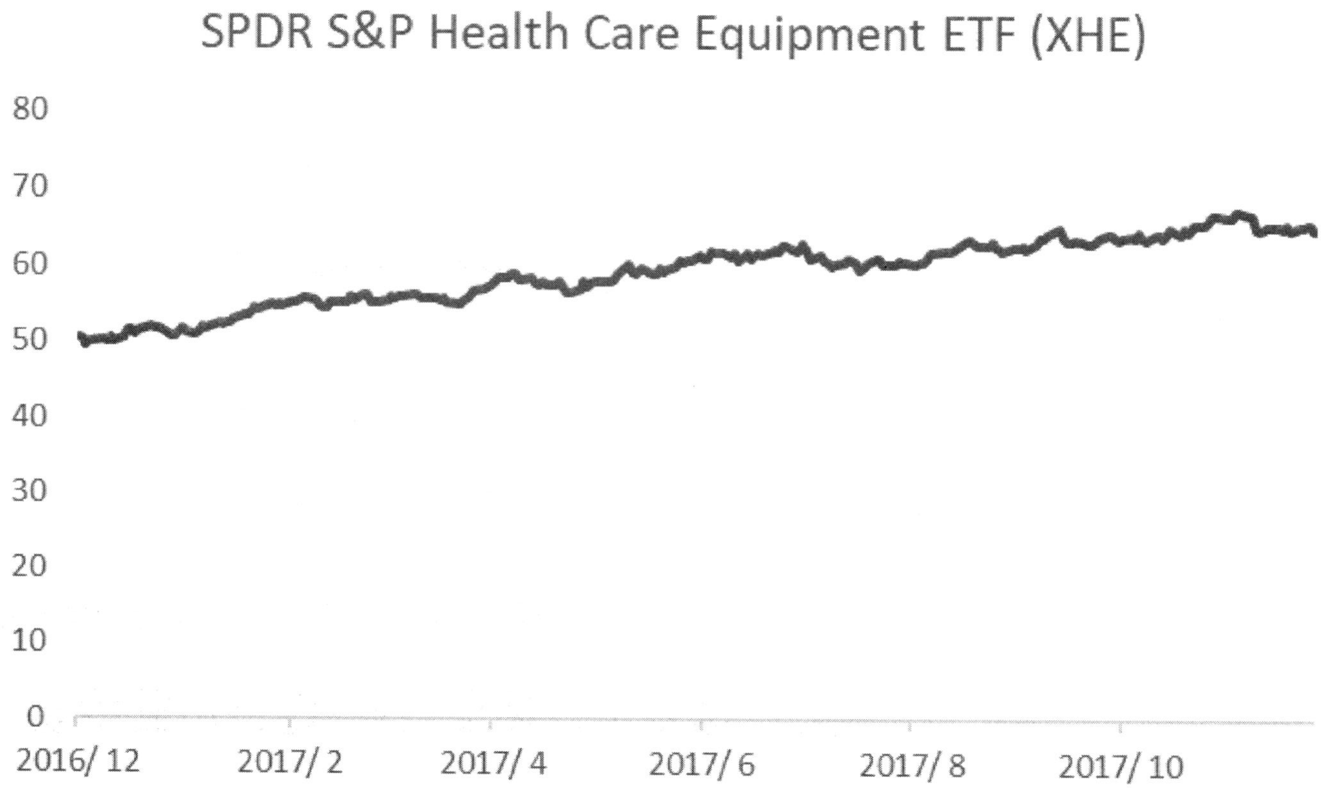

미국 헬스케어산업-헬스케어서비스업 지수
S&P Health Care Select Sector Index
iShares US Healthcare Providers ETF (IHF)
180
160
140
120
100
80
60
40
20
0
2016/12
2017/2
2017/4
2017/6
2017/8
2017/10

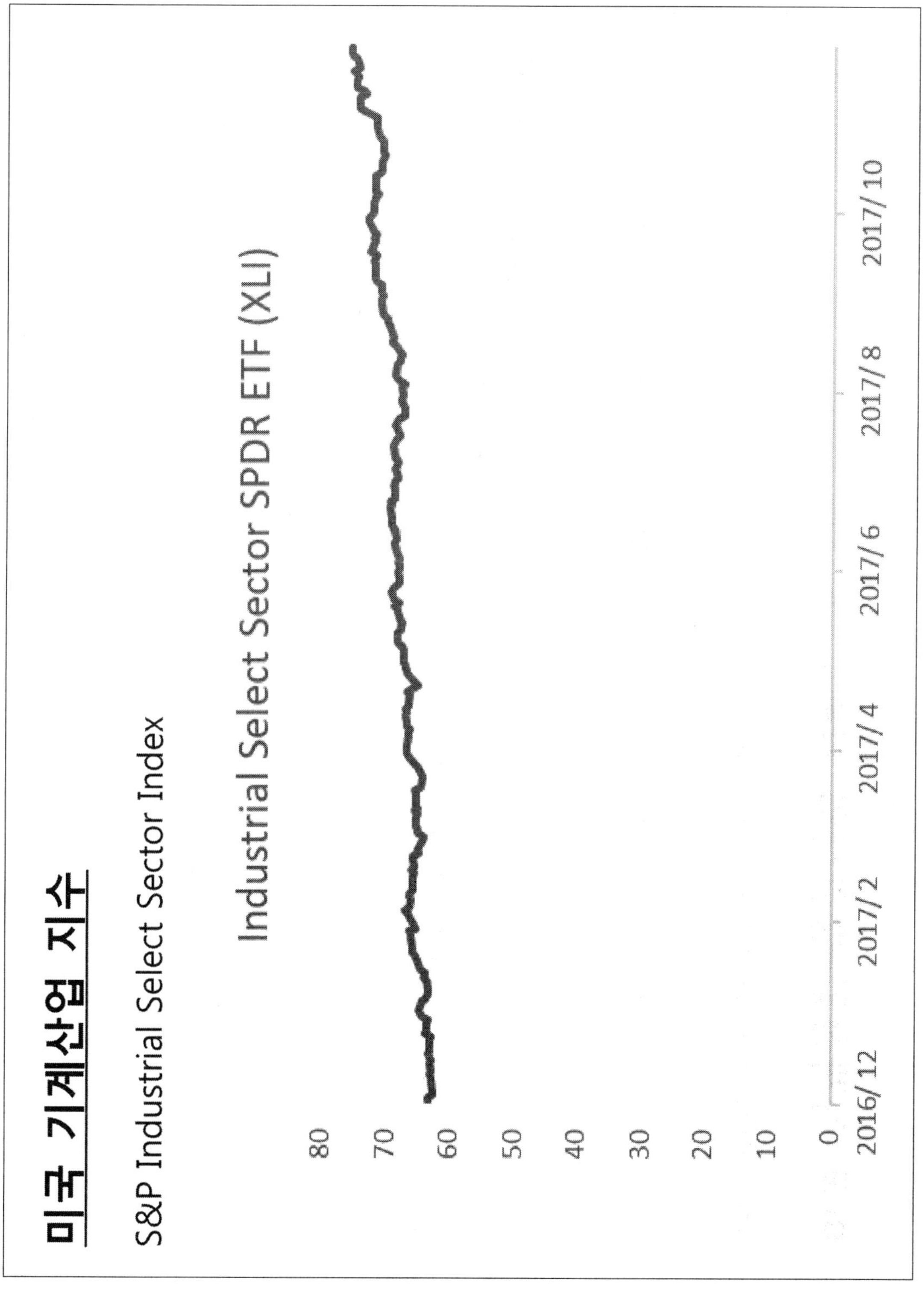
미국 기계산업 지수
S&P Industrial Select Sector Index
Industrial Select Sector SPDR ETF (XLI)
80
70
60
50
40
30
20
10
0
2016/12
2017/2
2017/4
2017/6
2017/8
2017/10

미국 기계산업-방위산업 지수
S&P Industrial Select Sector Index
PowerShares Aerospace & Defense ETF (PPA)
60
50
40
30
20
10
0
2016/12
2017/2
2017/4
2017/6
2017/8
2017/10

미국 기계산업-운송업 지수

S&P Industrial Select Sector Index

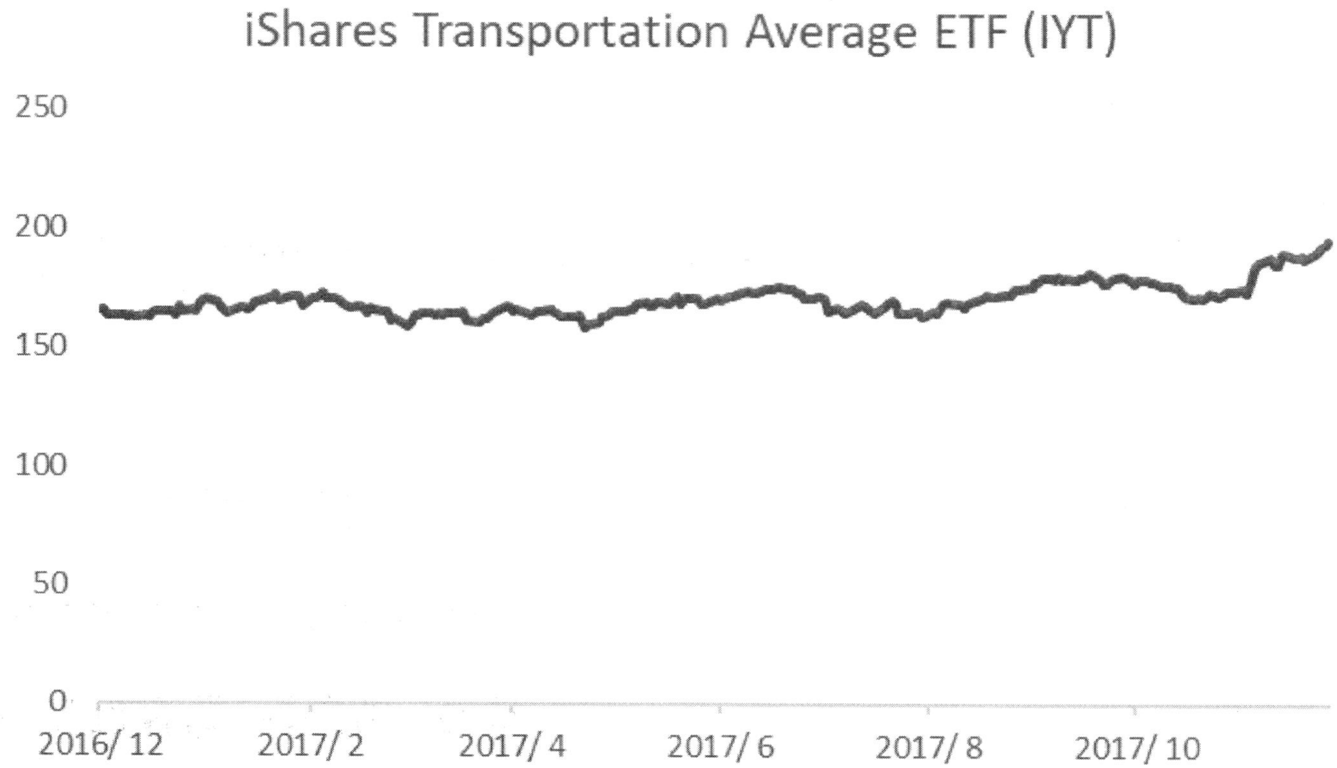

미국 기계산업-건설업 지수
S&P Industrial Select Sector Index
PowerShares Dynamic Building & Const ETF (PKB)
40
35
30
25
20
15
10
5
0
2016/12
2017/2
2017/4
2017/6
2017/8
2017/10

미국 부동산업 지수

Dow Jones U.S. Real Estate Index

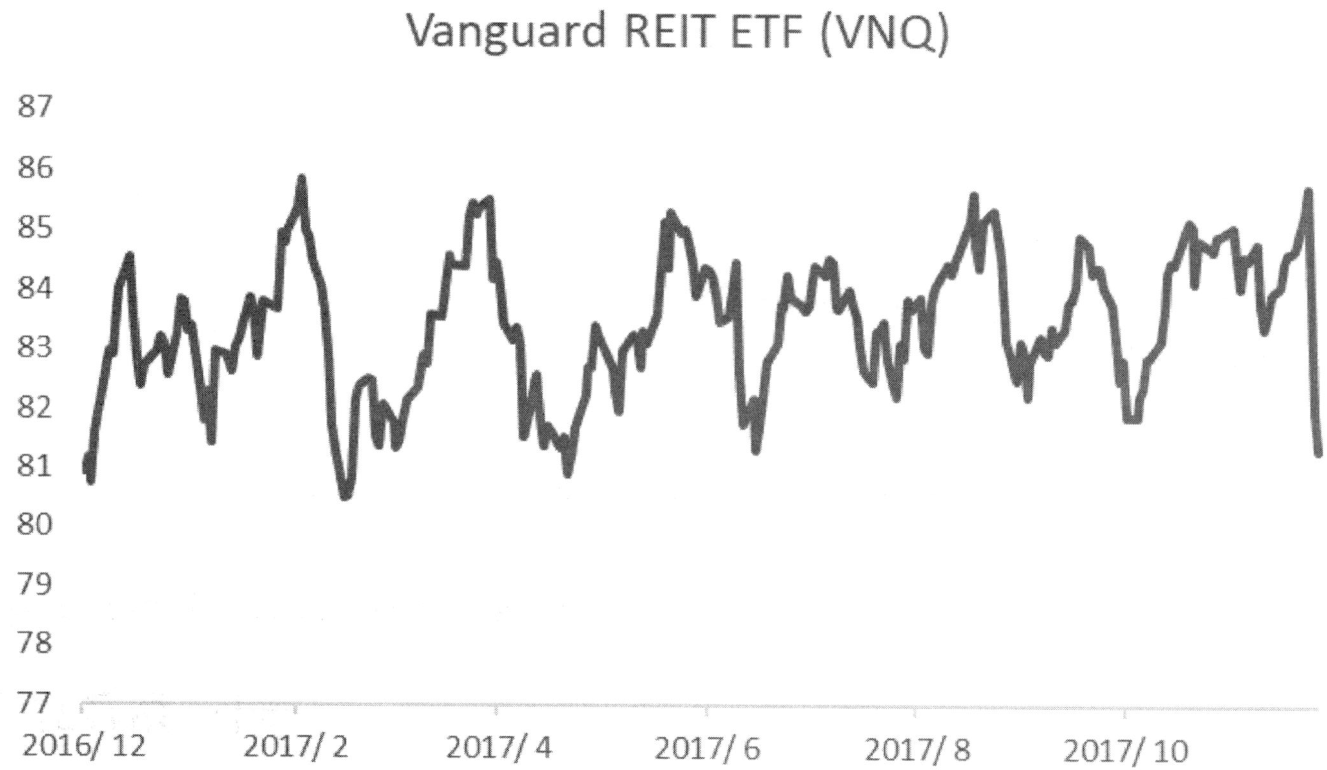

미국 IT산업 지수
S&P Technology Select Sector Index
Technology Select Sector SPDR ETF (XLK)
70
60
50
40
30
20
10
0
2016/12
2017/2
2017/4
2017/6
2017/8
2017/10

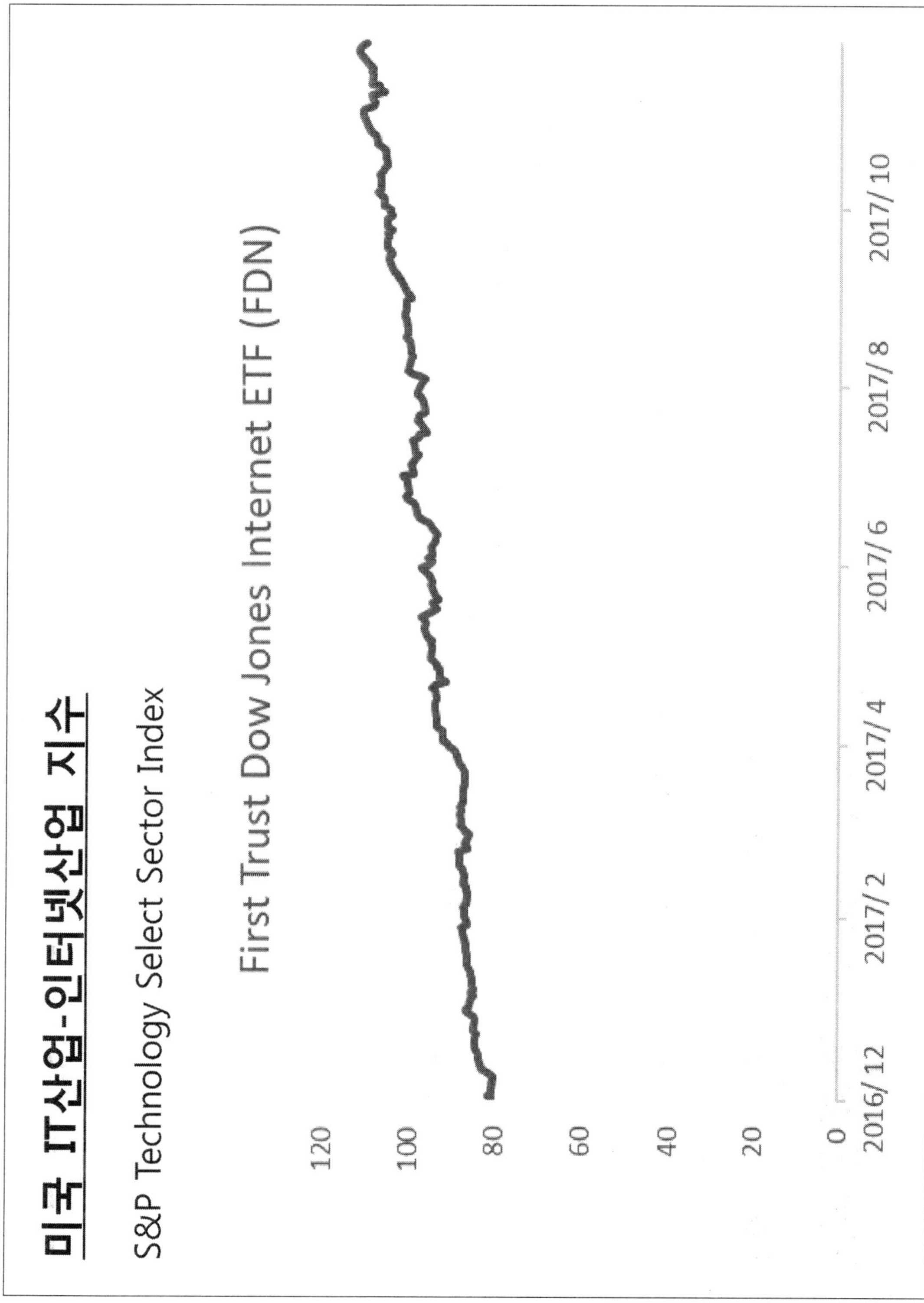
미국 IT산업-인터넷산업 지수
S&P Technology Select Sector Index
First Trust Dow Jones Internet ETF (FDN)
120
100
80
60
40
20
0
2016/12
2017/2
2017/4
2017/6
2017/8
2017/10

미국 IT산업-반도체업 지수
S&P Technology Select Sector Index
SPDR S&P Semiconductor ETF (XSD)
80
70
60
50
40
30
20
10
0
2016/12
2017/2
2017/4
2017/6
2017/8
2017/10

미국 IT산업-소프트웨어산업 지수

S&P Technology Select Sector Index

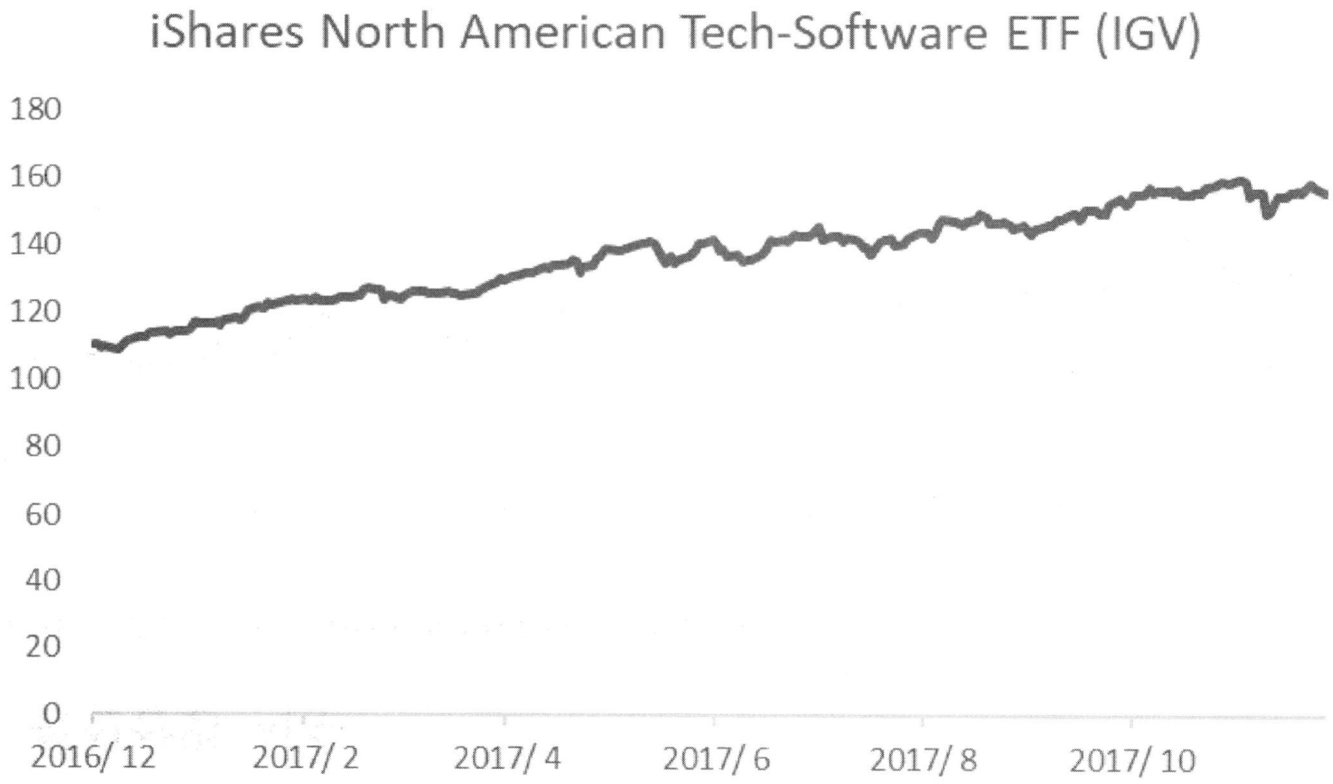

미국 통신산업 지수

Dow Jones U.S. Select Telecommunications Index

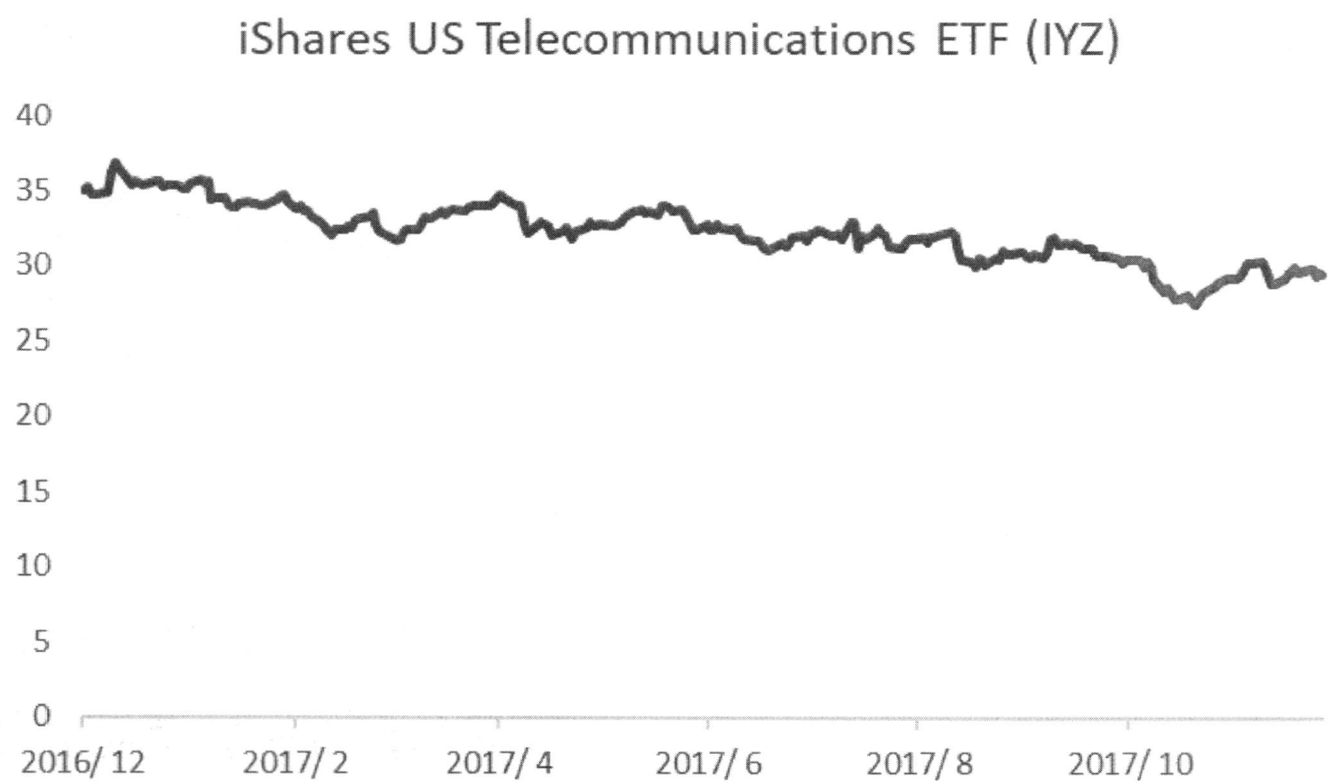

미국 유틸리티산업 지수
S&P Utilities Select Sector Index
Utilities Select Sector SPDR ETF (XLU)
58
56
54
52
50
48
46
44
42
2016/12
2017/2
2017/4
2017/6
2017/8
2017/10

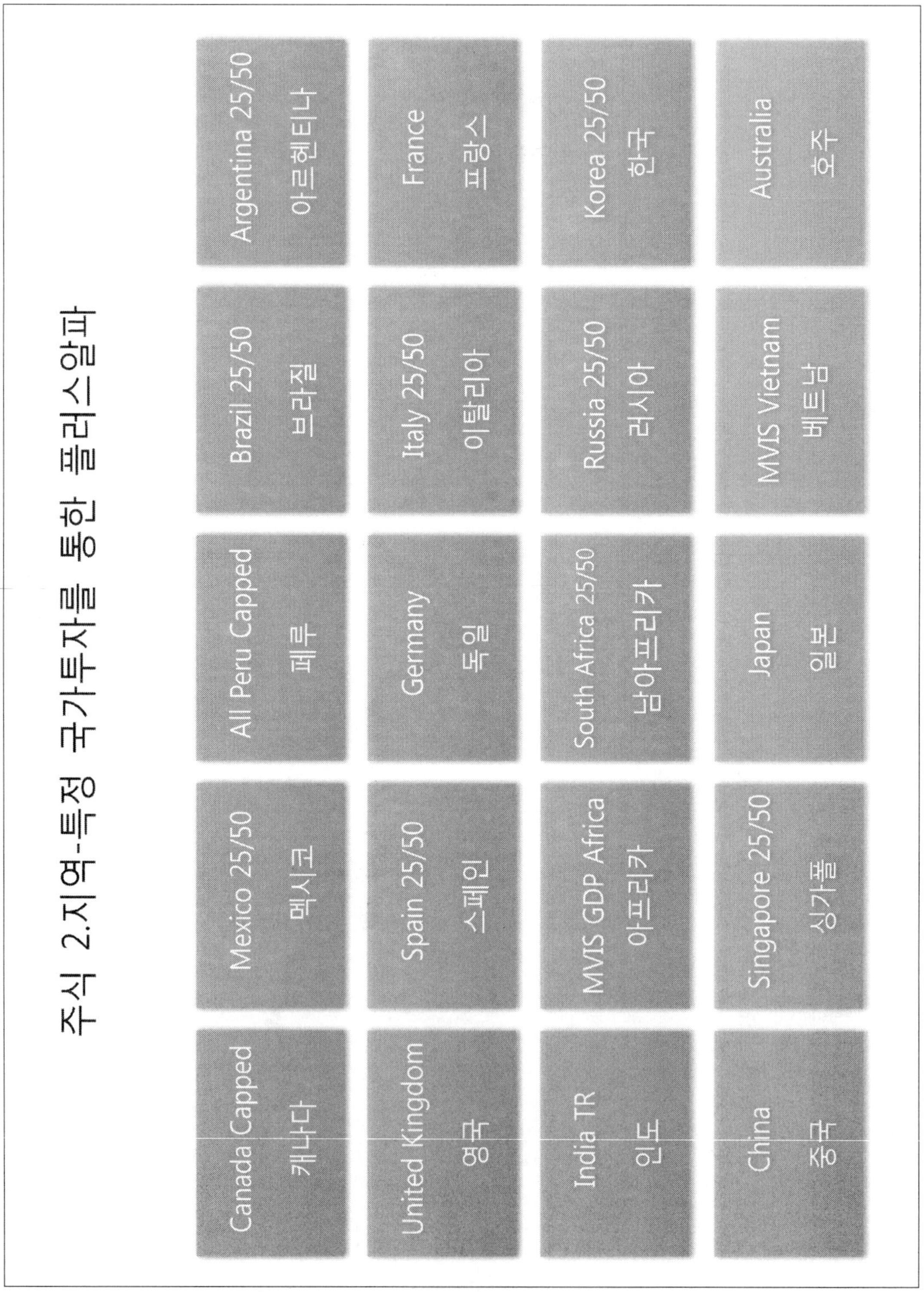
주식 2.지역-특정 국가투자를 통한 플러스알파
Canada Capped 캐나다
Mexico 25/50 멕시코
All Peru Capped 페루
Brazil 25/50 브라질
Argentina 25/50 아르헨티나
United Kingdom 영국
Spain 25/50 스페인
Germany 독일
Italy 25/50 이탈리아
France 프랑스
India TR 인도
MVIS GDP Africa 아프리카
South Africa 25/50 남아프리카
Russia 25/50 러시아
Korea 25/50 한국
China 중국
Singapore 25/50 싱가폴
Japan 일본
MVIS Vietnam 베트남
Australia 호주

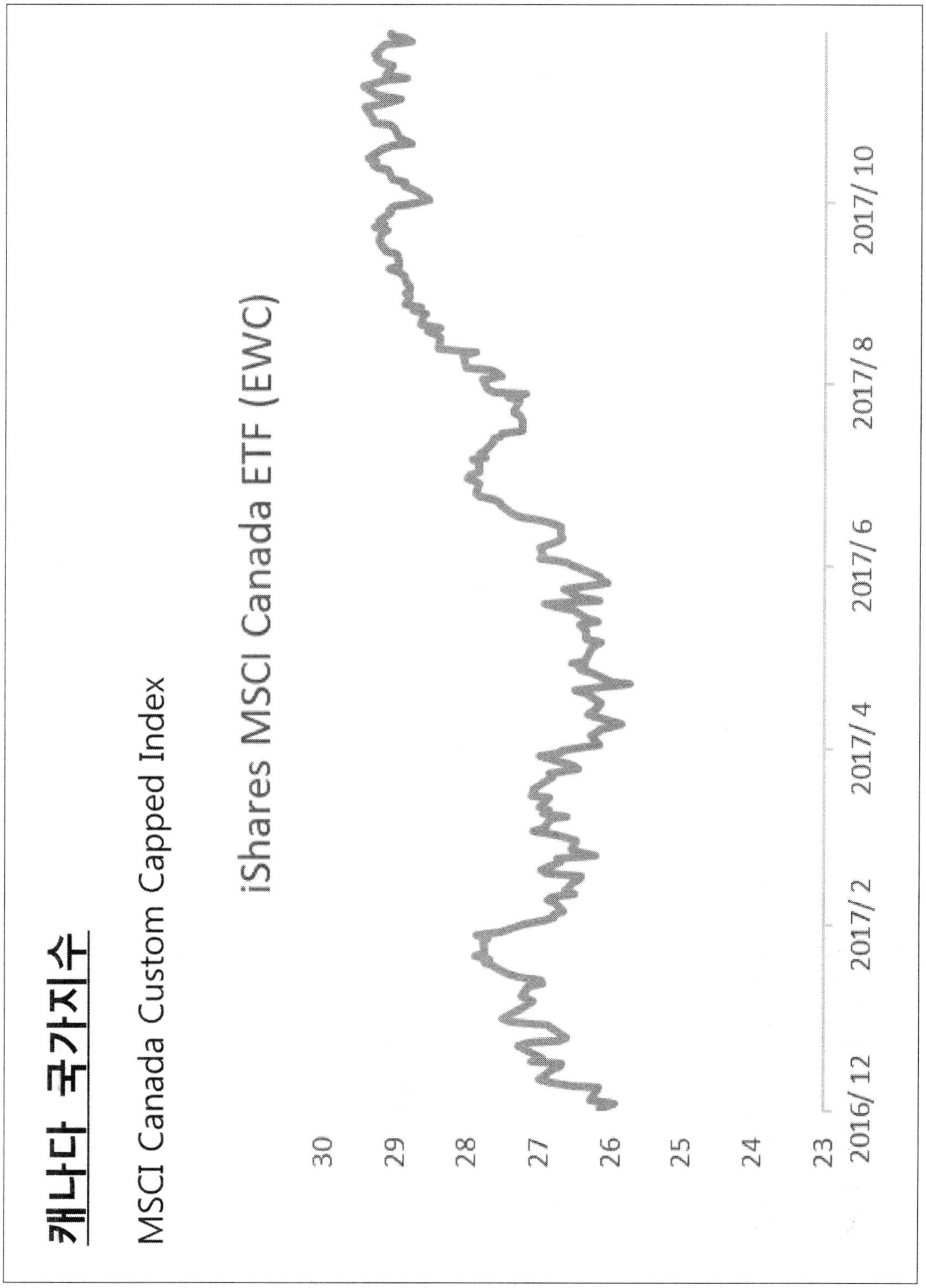

캐나다 국가지수
MSCI Canada Custom Capped Index
iShares MSCI Canada ETF (EWC)
30
29
28
27
26
25
24
23
2016/12
2017/2
2017/4
2017/6
2017/8
2017/10

멕시코 국가지수

MSCI Mexico IMI 25/50 Index

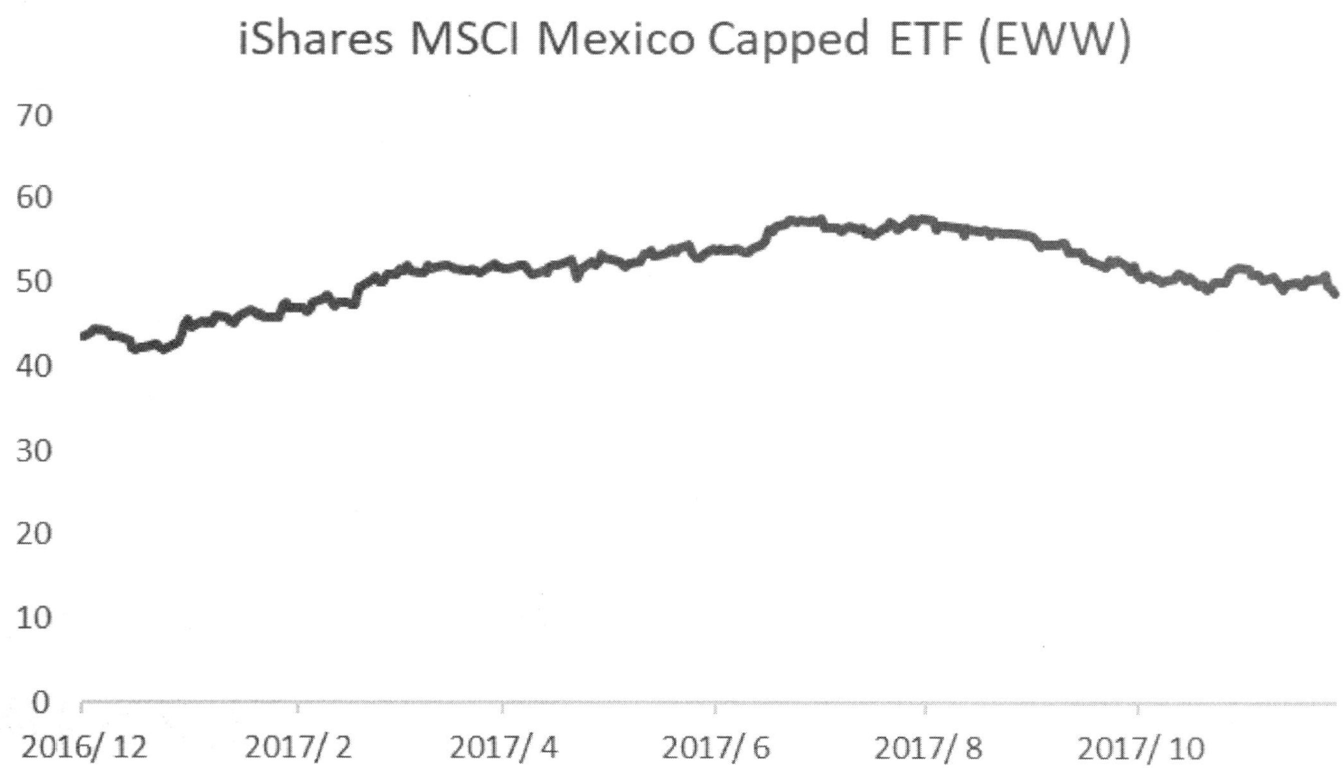

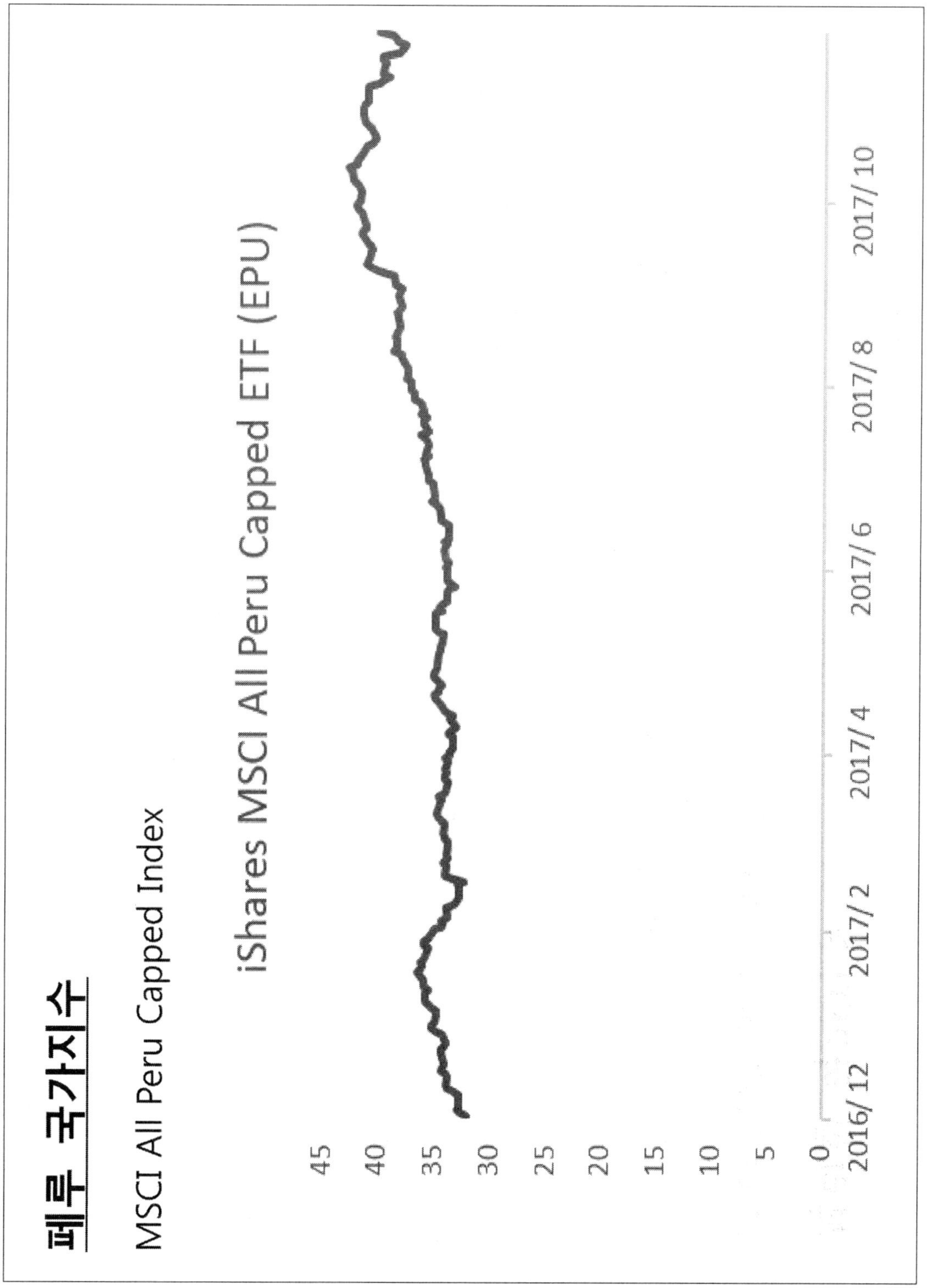
페루 국가지수
MSCI All Peru Capped Index
iShares MSCI All Peru Capped ETF (EPU)
45
40
35
30
25
20
15
10
5
0
2016/12
2017/2
2017/4
2017/6
2017/8
2017/10

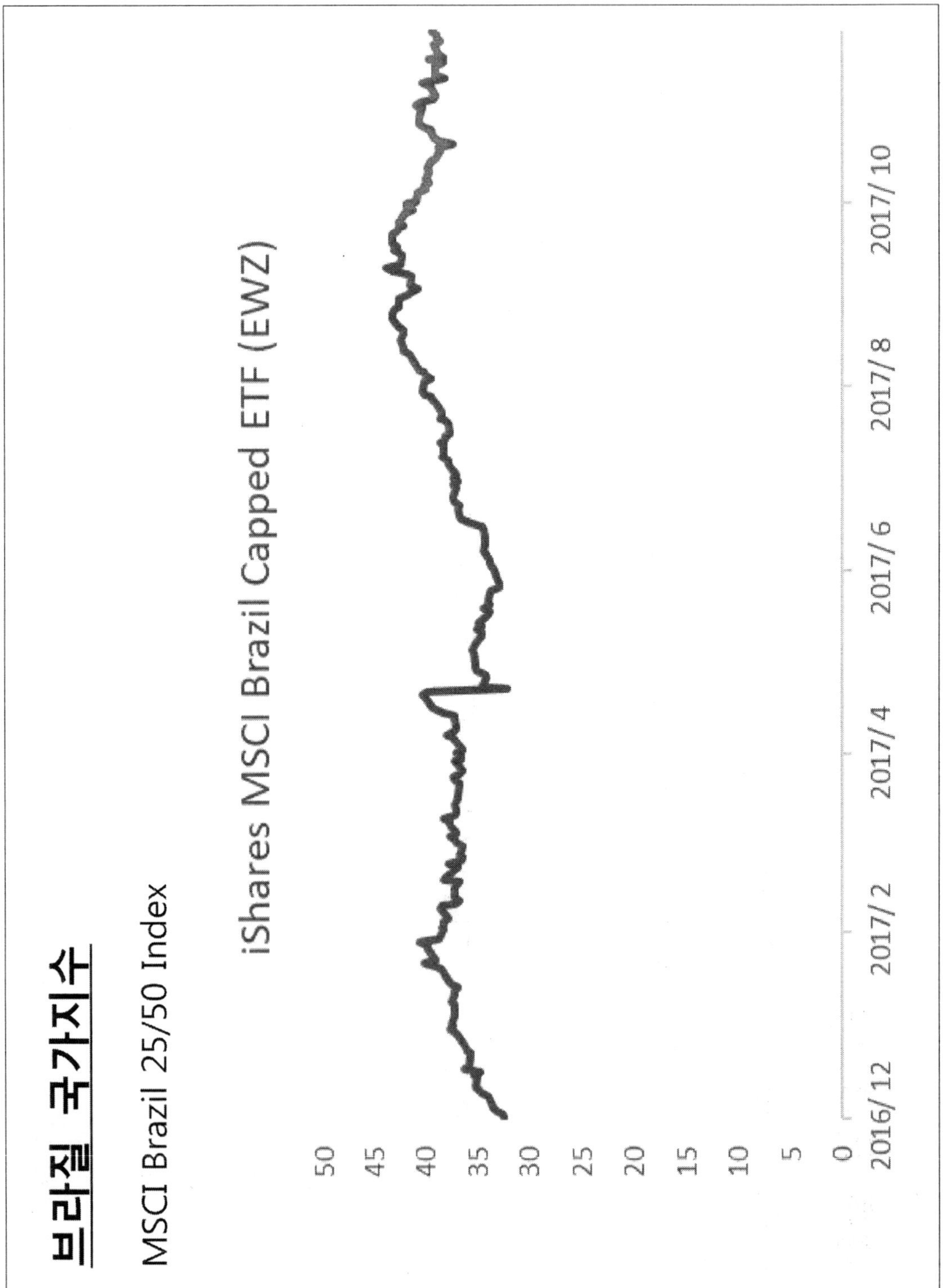
브라질 국가지수
MSCI Brazil 25/50 Index
iShares MSCI Brazil Capped ETF (EWZ)
50
45
40
35
30
25
20
15
10
5
0
2016/12
2017/2
2017/4
2017/6
2017/8
2017/10

아르헨티나 국가지수
MSCI All Argentina 25/50 Index
Global X MSCI Argentina ETF (ARGT)
40
35
30
25
20
15
10
5
0
2016/12
2017/2
2017/4
2017/6
2017/8
2017/10

영국 국가지수
MSCI United Kingdom Index
iShares MSCI United Kingdom ETF (EWU)
37
36
35
34
33
32
31
30
29
28
27
2016/12
2017/2
2017/4
2017/6
2017/8
2017/10

스페인 국가지수

MSCI Spain 25/50 Index

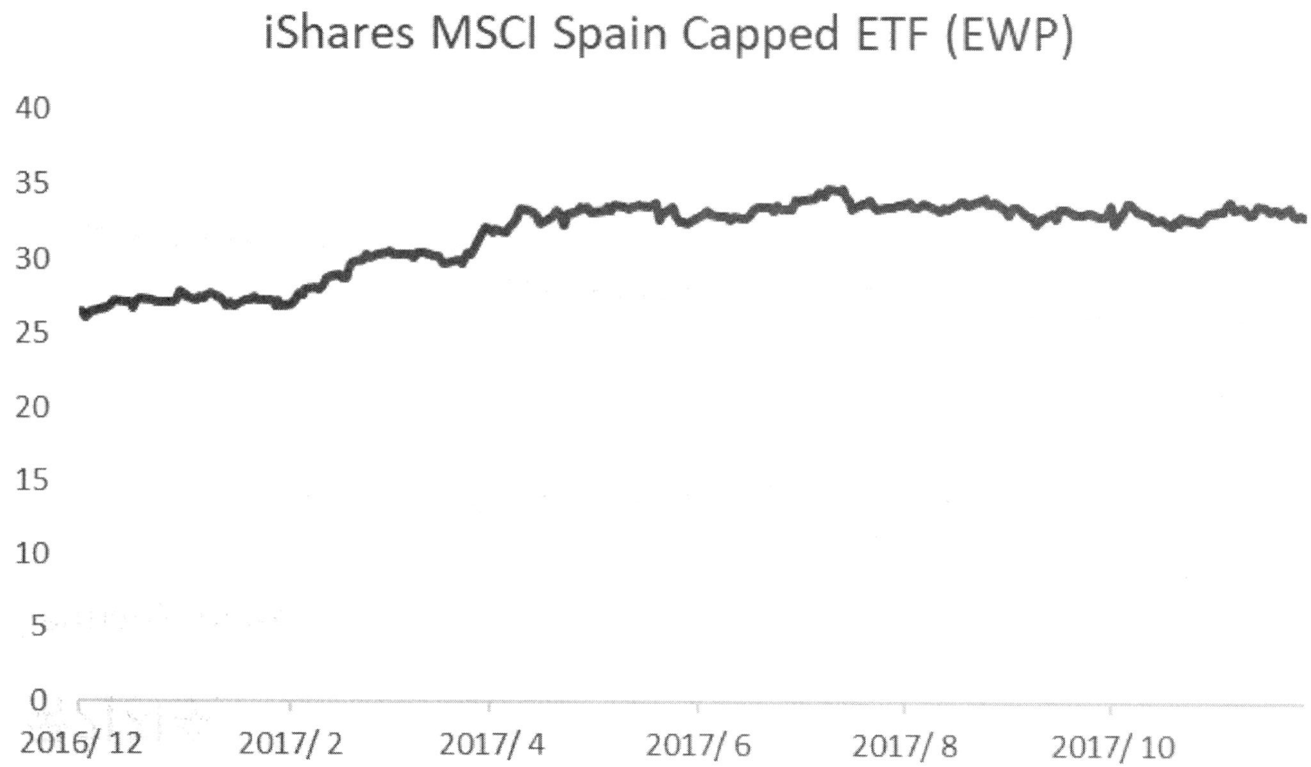

독일 국가지수
MSCI Germany Index
iShares MSCI Germany ETF (EWG)
40
35
30
25
20
15
10
5
0
2016/12
2017/2
2017/4
2017/6
2017/8
2017/10

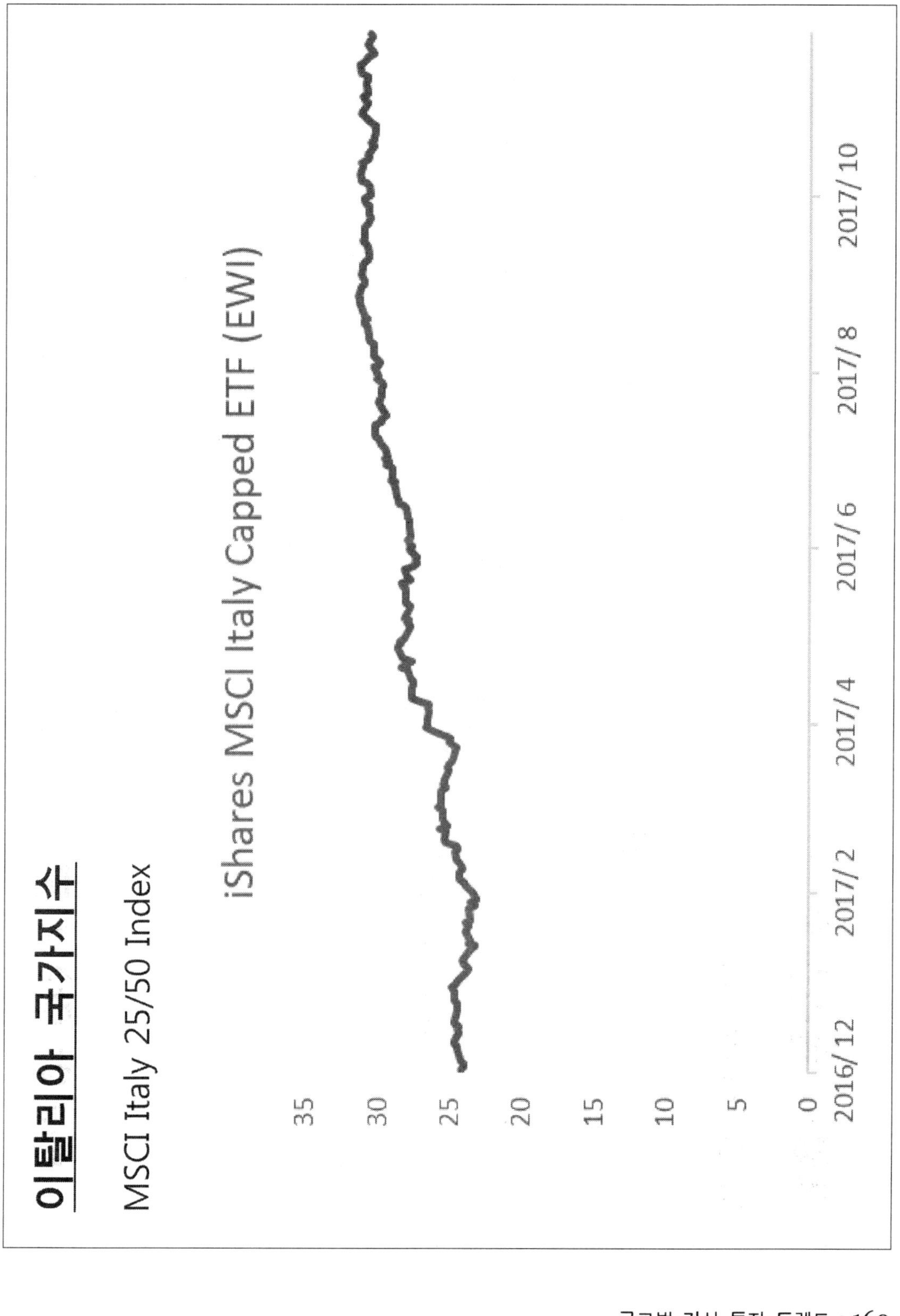
이탈리아 국가지수
MSCI Italy 25/50 Index
iShares MSCI Italy Capped ETF (EWI)
35
30
25
20
15
10
5
0
2016/12
2017/2
2017/4
2017/6
2017/8
2017/10

프랑스 국가지수
MSCI France Index
iShares MSCI France ETF (EWQ)
35
30
25
20
15
10
5
0
2016/12
2017/2
2017/4
2017/6
2017/8
2017/10

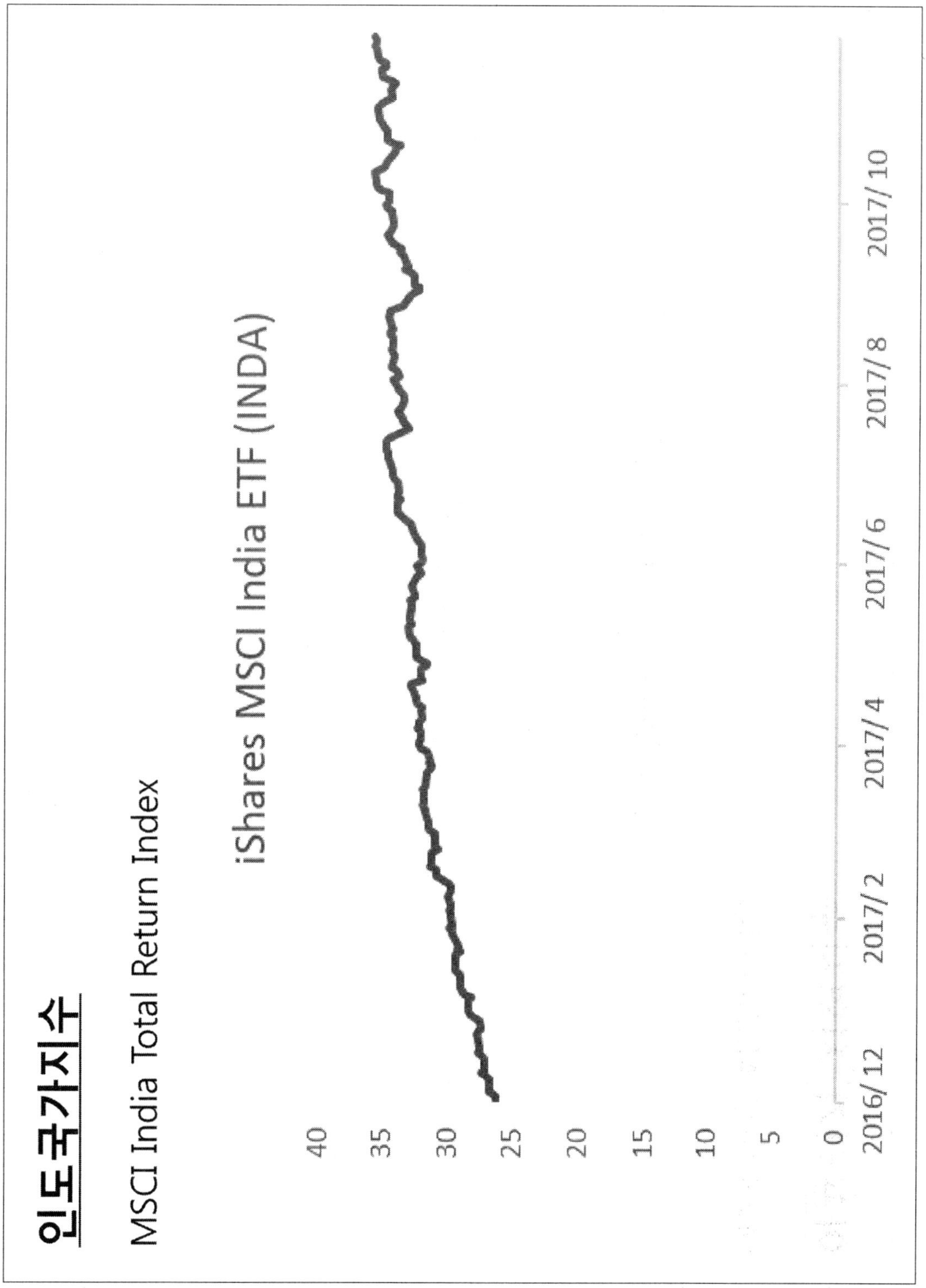
인도국가지수
MSCI India Total Return Index
iShares MSCI India ETF (INDA)
40
35
30
25
20
15
10
5
0
2016/12
2017/2
2017/4
2017/6
2017/8
2017/10

아프리카 지역지수

MVIS GDP Africa Index

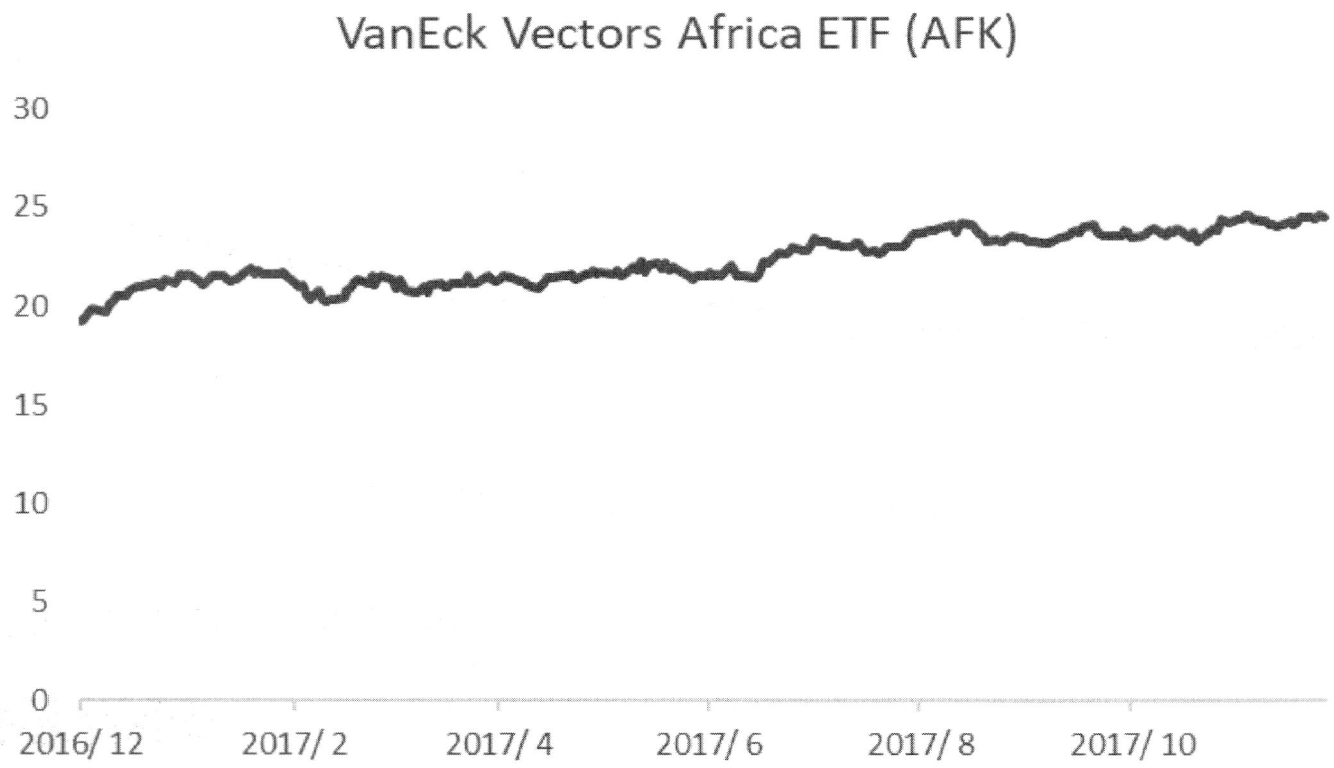

남아프리카공화국 국가지수

MSCI South Africa 25/50 Index

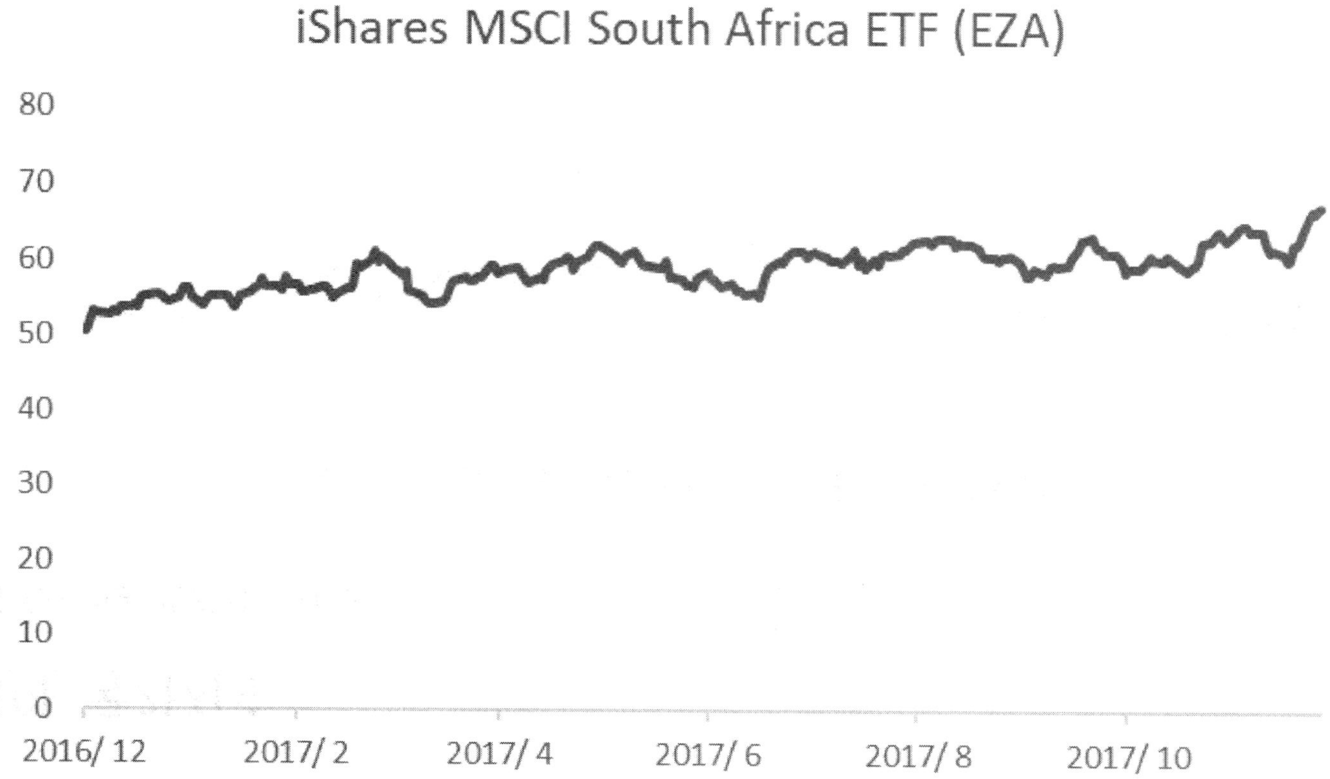

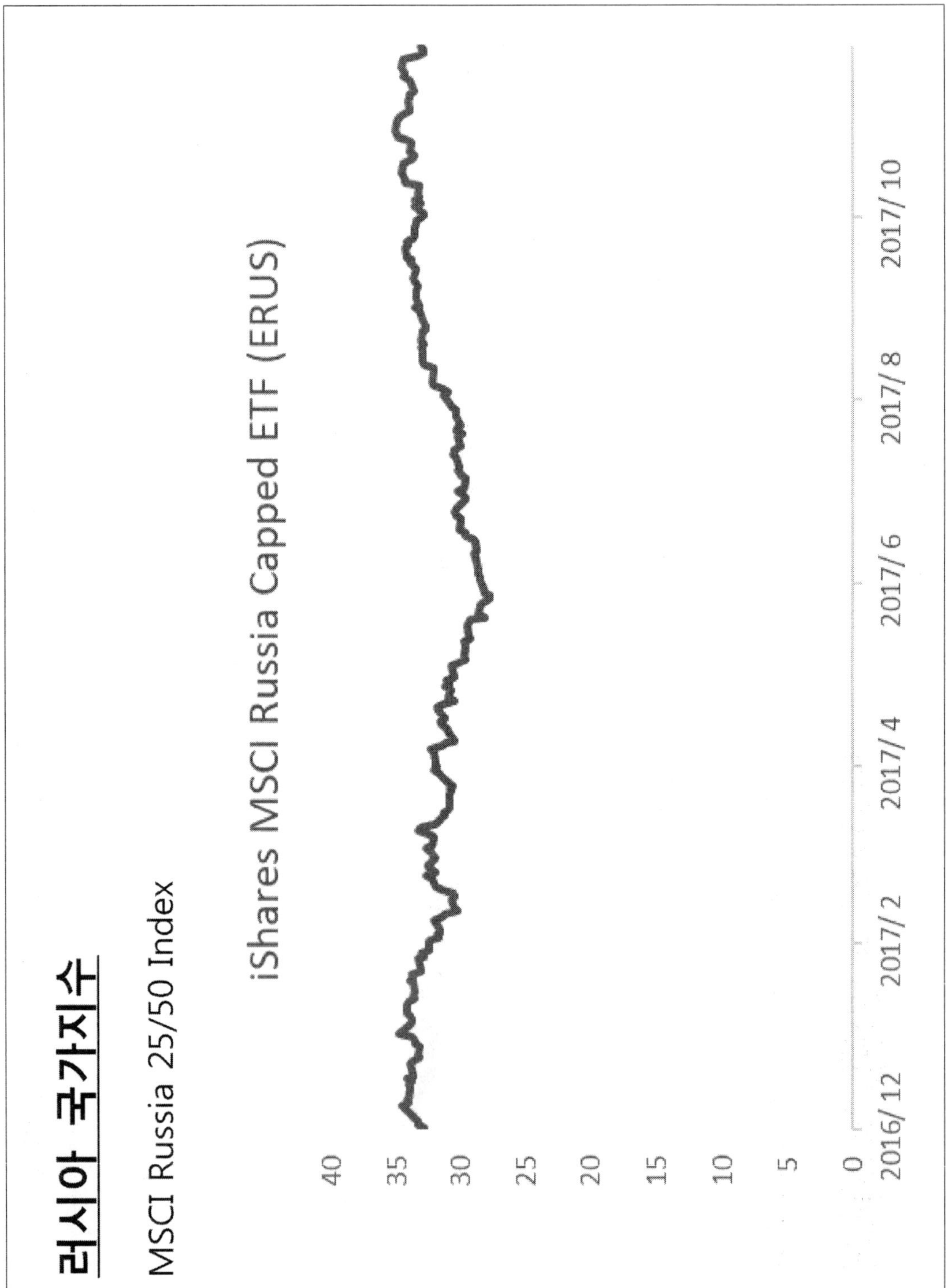

러시아 국가지수
MSCI Russia 25/50 Index
iShares MSCI Russia Capped ETF (ERUS)
40
35
30
25
20
15
10
5
0
2016/12
2017/2
2017/4
2017/6
2017/8
2017/10

한국 국가지수
MSCI Korea 25/50 Index
iShares MSCI South Korea Capped ETF (EWY)
90
80
70
60
50
40
30
20
10
0
2016/12
2017/2
2017/4
2017/6
2017/8
2017/10

중국 국가지수
MSCI China Index
iShares MSCI China ETF (MCHI)
80
70
60
50
40
30
20
10
0
2016/12
2017/2
2017/4
2017/6
2017/8
2017/10

싱가폴 국가지수
MSCI Singapore 25/50 Index
iShares MSCI Singapore Capped ETF (EWS)
30
25
20
15
10
5
0
2016/12
2017/2
2017/4
2017/6
2017/8
2017/10

일본 국가지수
MSCI Japan Index
iShares MSCI Japan ETF (EWJ)
70
60
50
40
30
20
10
0
2016/12
2017/2
2017/4
2017/6
2017/8
2017/10

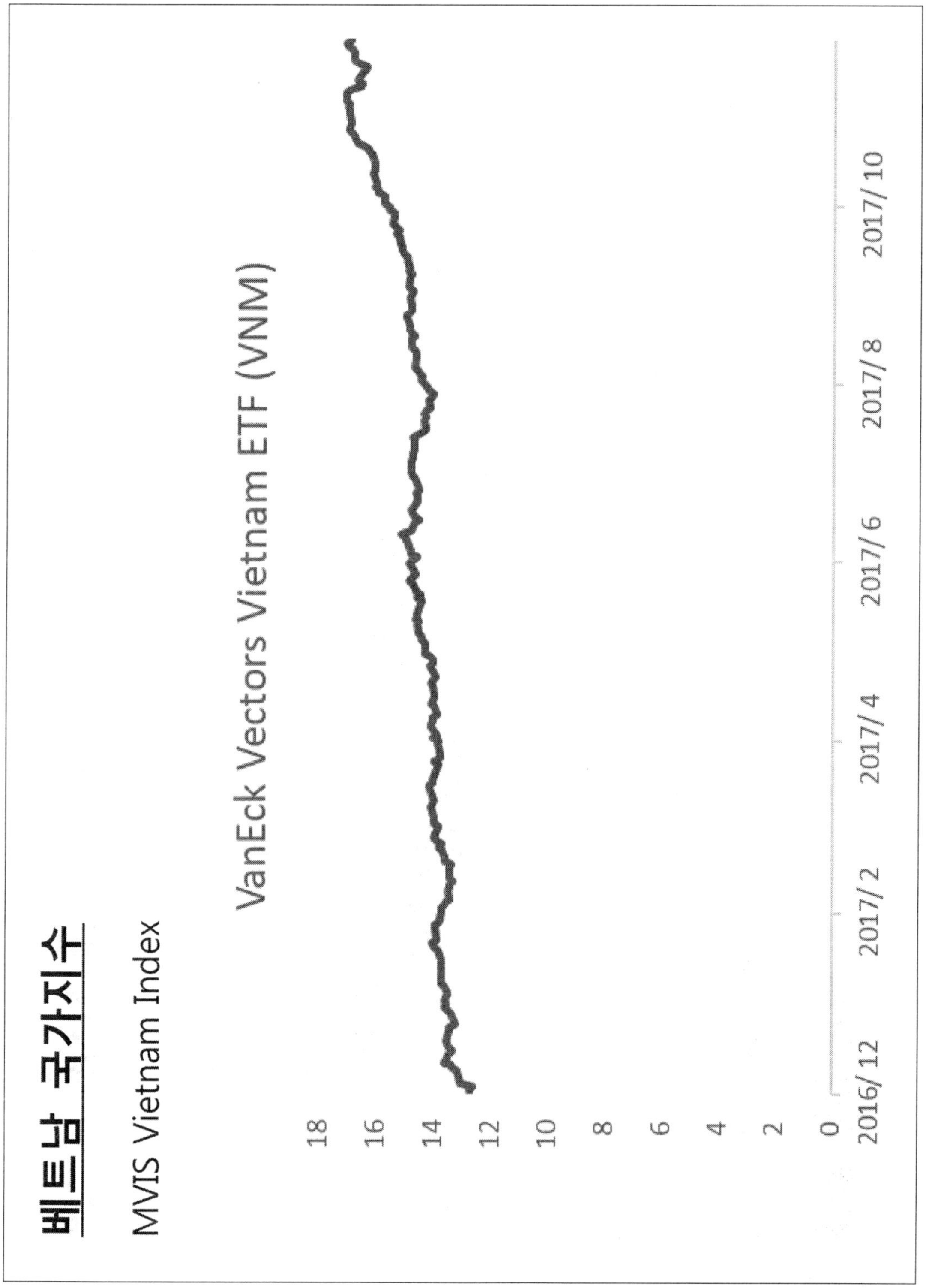
베트남 국가지수
MVIS Vietnam Index
VanEck Vectors Vietnam ETF (VNM)
18
16
14
12
10
8
6
4
2
0
2016/12
2017/2
2017/4
2017/6
2017/8
2017/10

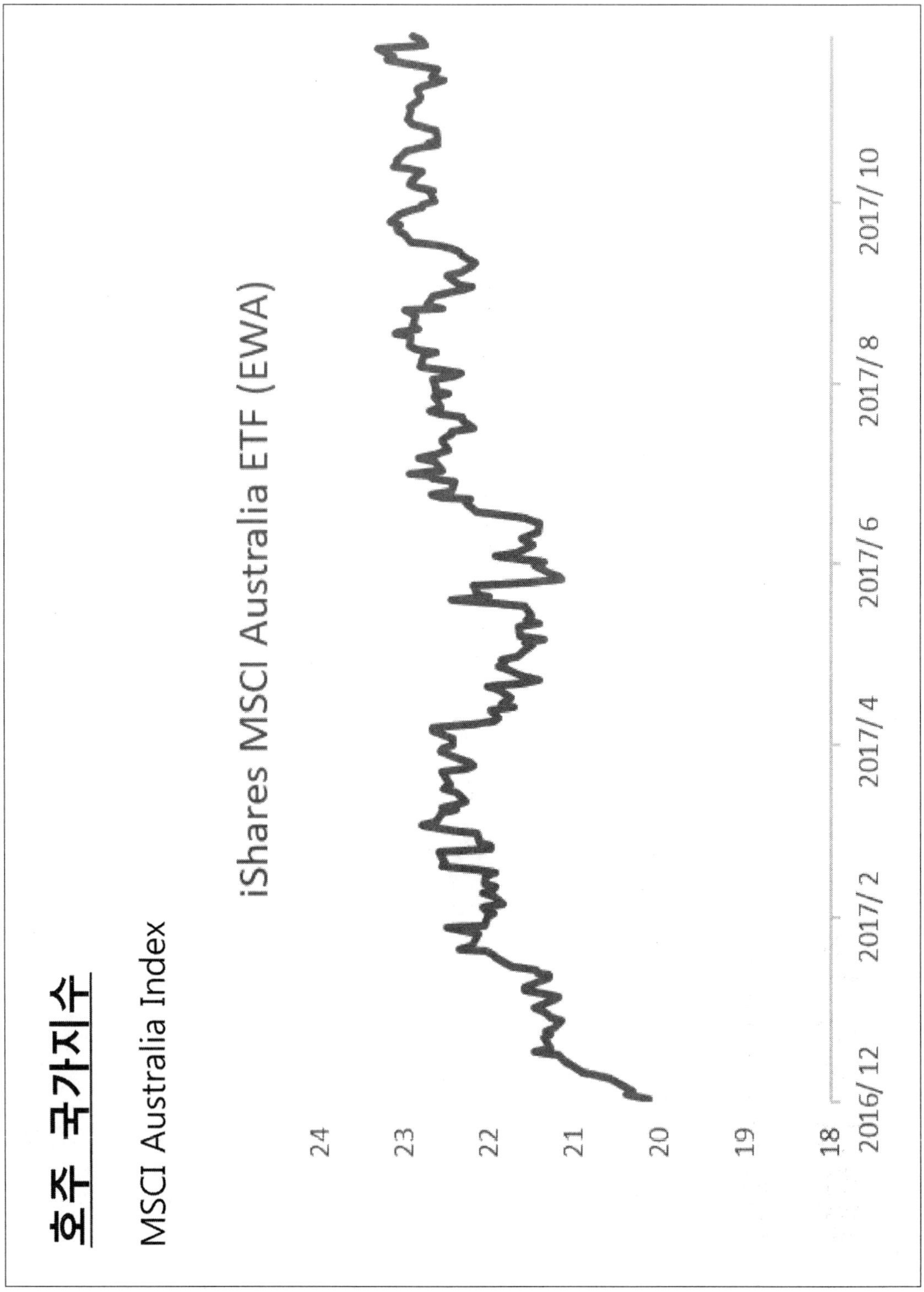

호주 국가지수
MSCI Australia Index
iShares MSCI Australia ETF (EWA)
24
23
22
21
20
19
18
2016/12
2017/2
2017/4
2017/6
2017/8
2017/10

4. 채권 투자자산의 활용

채권을 선택한 경우

Step 1. 채권 시장의 가장 낮은 위험 자산 선택

: 미국 국채의 활용(투자 목표기간별로 적합한 만기별 검토)

Step 2. 알파(추가수익)를 획득할 수 있는 투자 수단의 선택

: 전략(미국)혹은 지역(글로벌)의 활용

Step 3. 낮은 위험으로부터 높은 위험으로 확대하며 목표로 한 수익률 선택

: 위험의 기본 + 알파= 미국 국채 + 전략(만기,크레딧) +지역(선진국,신흥국)

투자자산 선택 Case 2. 글로벌 채권

1. 전략-특정 만기나 크레딧을통한 플러스알파

2. 지역-특정 지역이나 국가를 통한 플러스알파

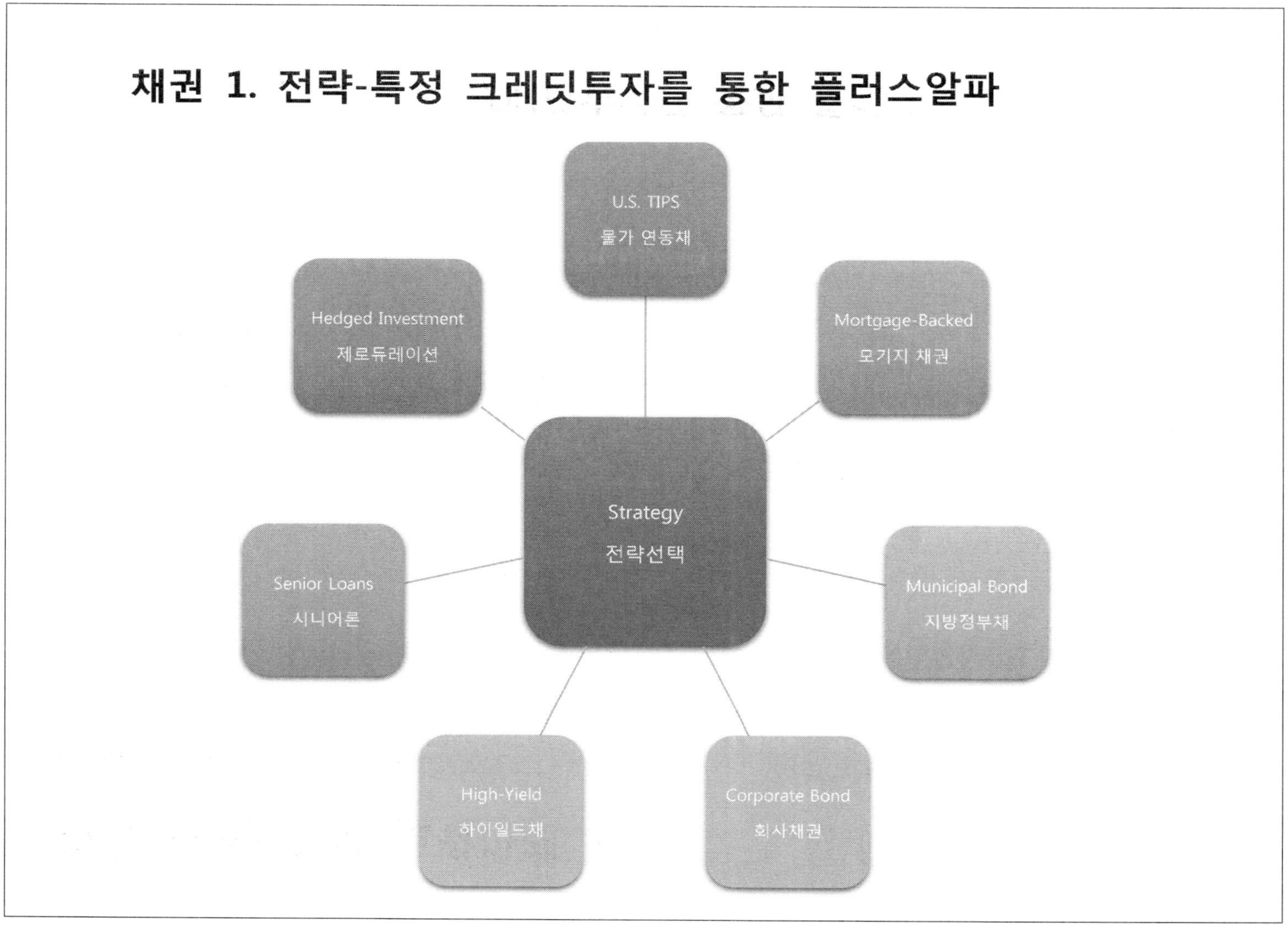
채권 1. 전략-특정 크레딧투자를 통한 플러스알파
U.S. TIPS
물가 연동채
Hedged Investment
제로듀레이션
Mortgage-Backed
모기지 채권
Strategy
전략선택
Senior Loans
시니어론
Municipal Bond
지방정부채
High-Yield
하이일드채
Corporate Bond
회사채권

미국 채권- 미국 토탈마켓 채권
Multi-Sector Bond ETFs
Vanguard Total Bond Market ETF (BND)
83
82.5
82
81.5
81
80.5
80
79.5
79
78.5
2016/12
2017/2
2017/4
2017/6
2017/8
2017/10

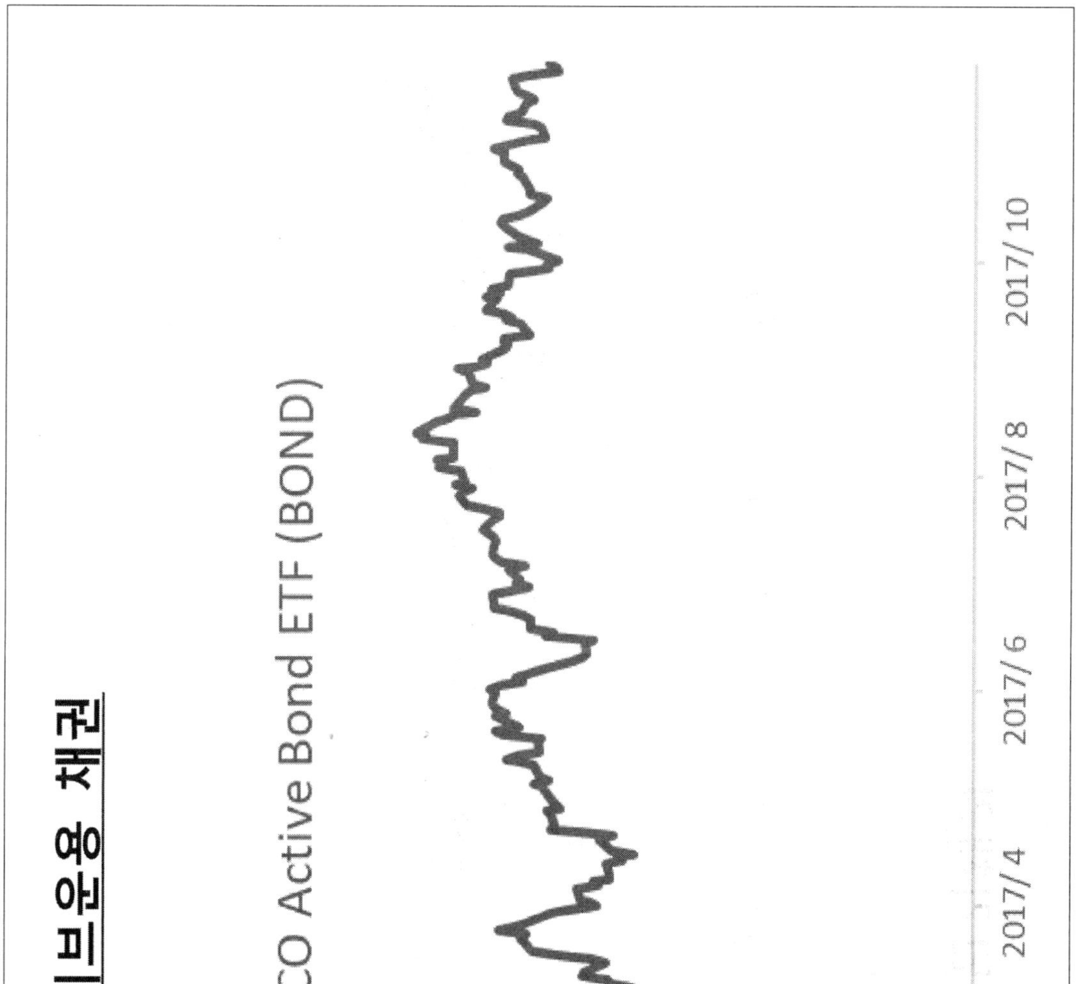
미국 채권-미국 액티브운용 채권
Multi-Sector Bond ETFs
PIMCO Active Bond ETF (BOND)
108
107
106
105
104
103
102
101
2016/12
2017/2
2017/4
2017/6
2017/8
2017/10

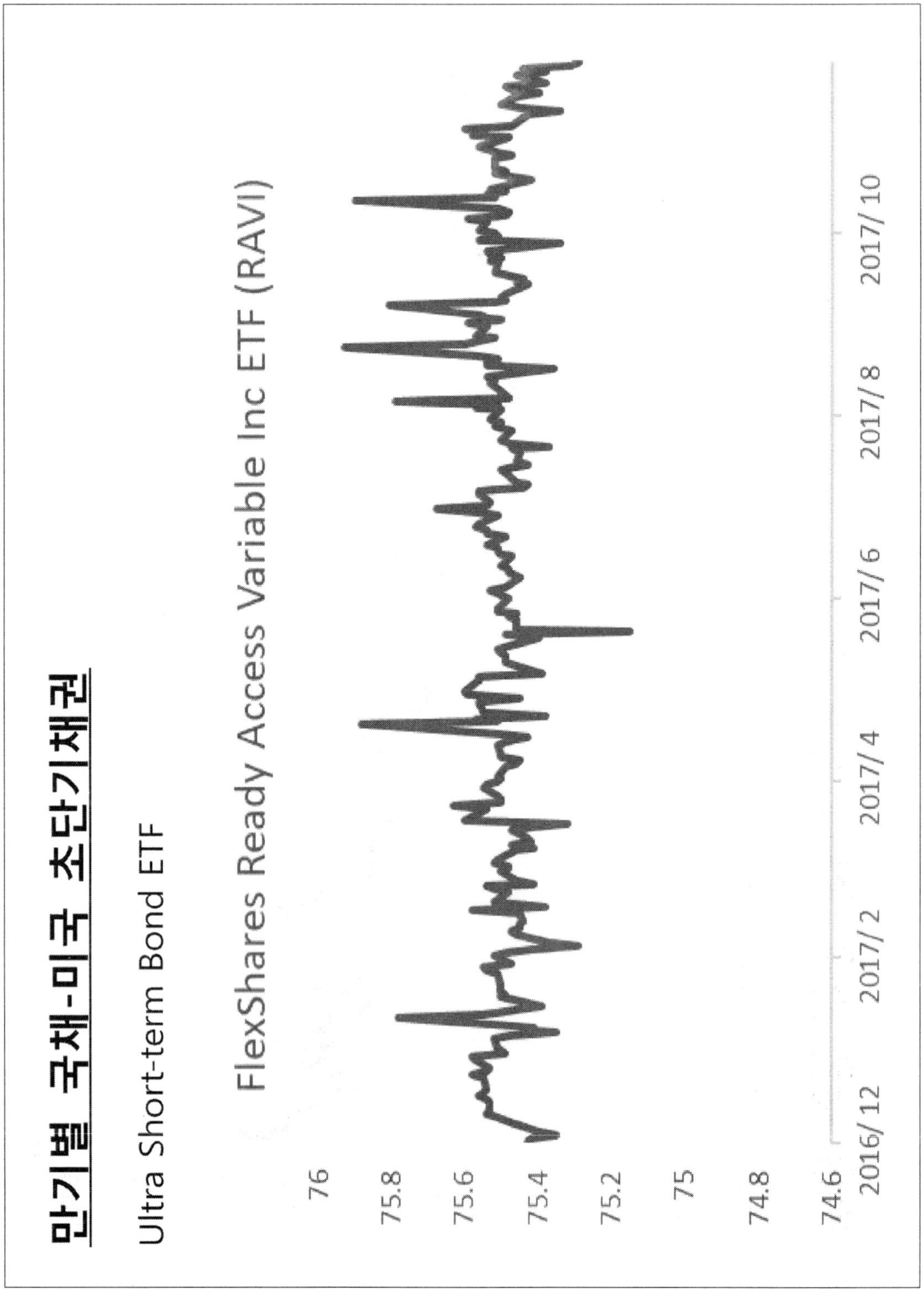
만기별 국채-미국 초단기채권
Ultra Short-term Bond ETF
FlexShares Ready Access Variable Inc ETF (RAVI)
76
75.8
75.6
75.4
75.2
75
74.8
74.6
2016/12
2017/2
2017/4
2017/6
2017/8
2017/10

만기별 국채-미국 단기채권
Short Term Government Bond ETF
iShares 1-3 Year Treasury Bond ETF (SHY)
84.8
84.6
84.4
84.2
84
83.8
83.6
83.4
83.2
2016/12
2017/2
2017/4
2017/6
2017/8
2017/10

만기별 국채-미국중기채권
Intermediate-Term Government Bond ETF
iShares 3-7 Year Treasury Bond ETF (IEI)
125.5
125
124.5
124
123.5
123
122.5
122
121.5
121
120.5
120
2016/12
2017/2
2017/4
2017/6
2017/8
2017/10

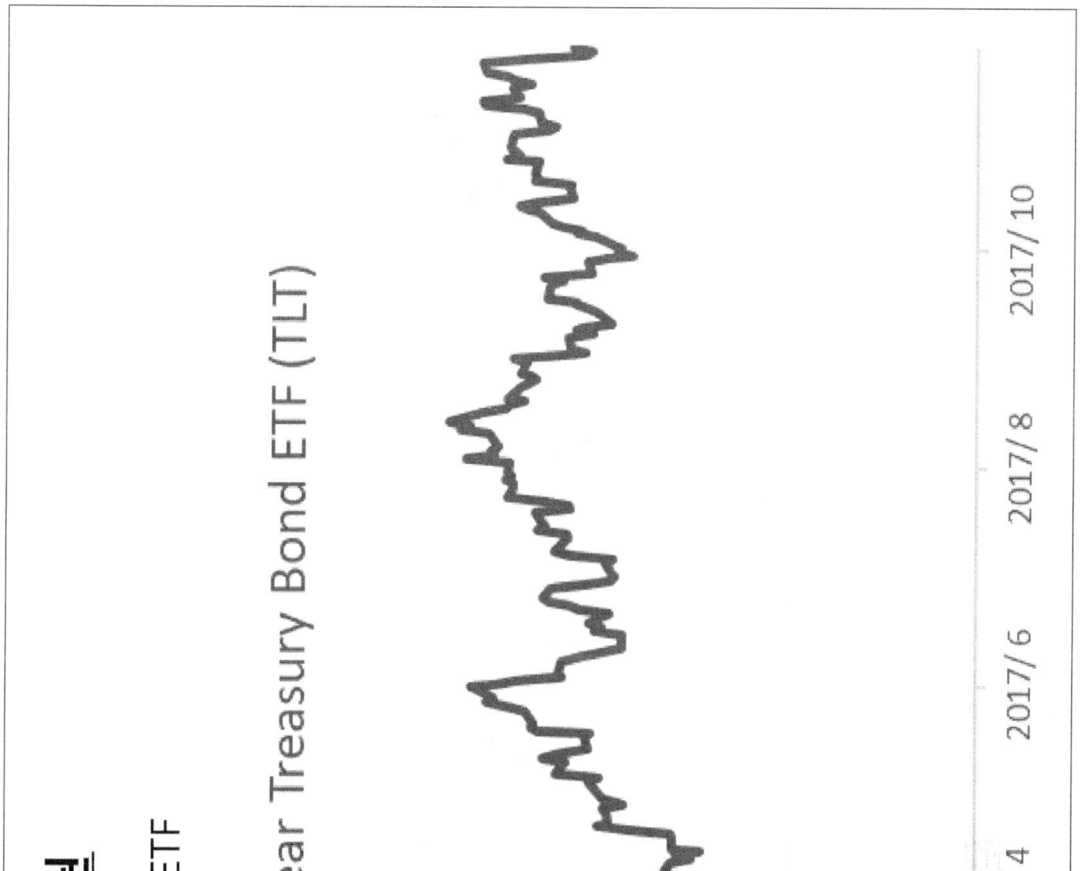
만기별 국채-미국장기채권
Long-Term Government Bond ETF
iShares 20+ Year Treasury Bond ETF (TLT)
132
130
128
126
124
122
120
118
116
114
112
110
2016/12
2017/2
2017/4
2017/6
2017/8
2017/10

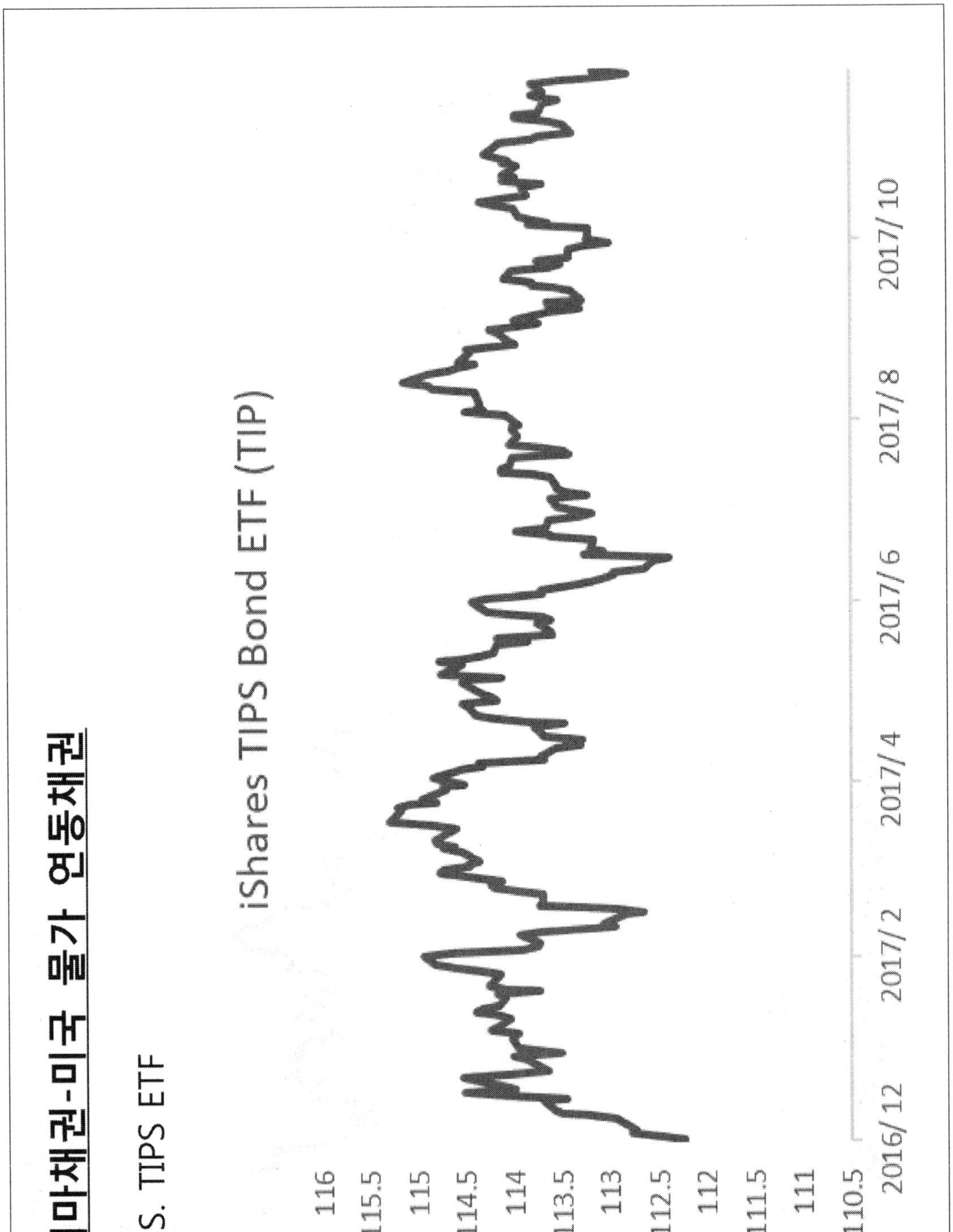
테마채권-미국 물가 연동채권
U.S. TIPS ETF
iShares TIPS Bond ETF (TIP)
116
115.5
115
114.5
114
113.5
113
112.5
112
111.5
111
110.5
2016/12
2017/2
2017/4
2017/6
2017/8
2017/10

테마채권-미국모기지채권

Mortgage-Backed Securities ETF

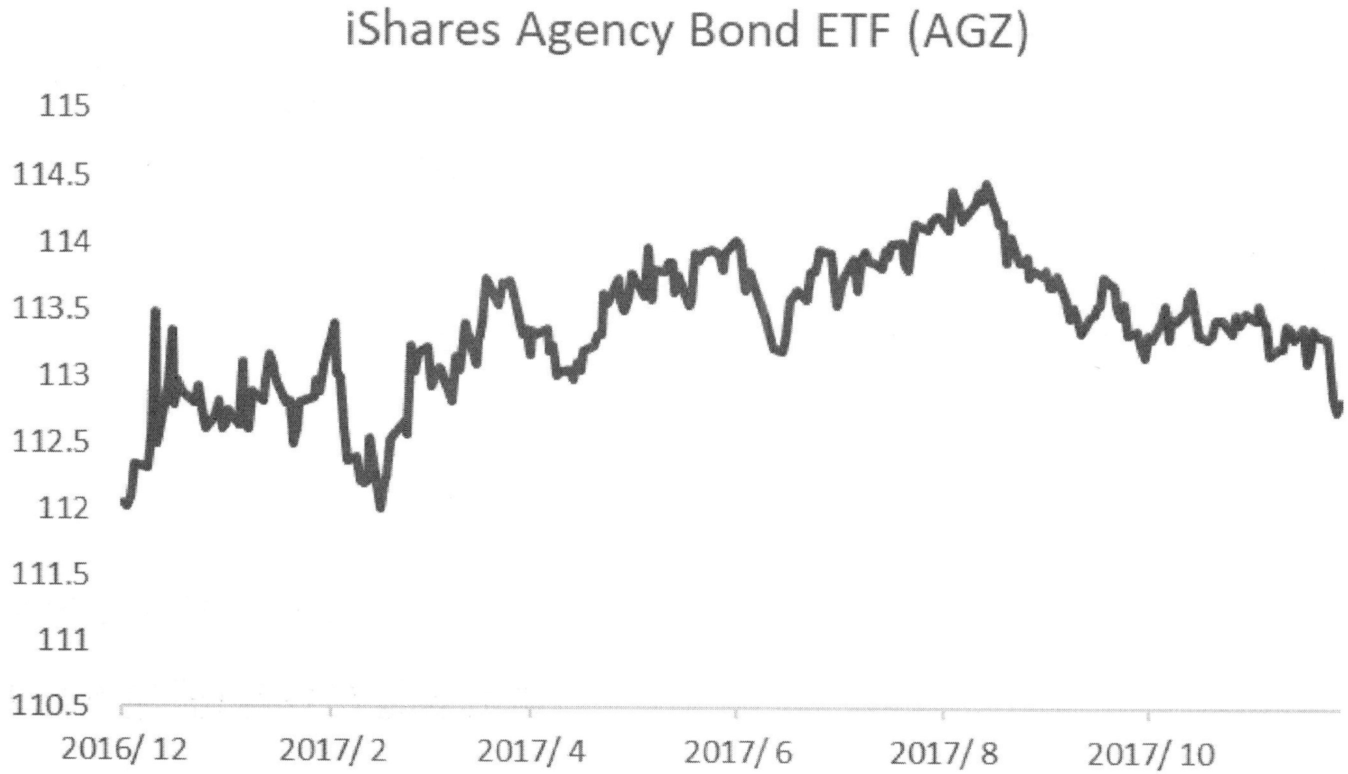

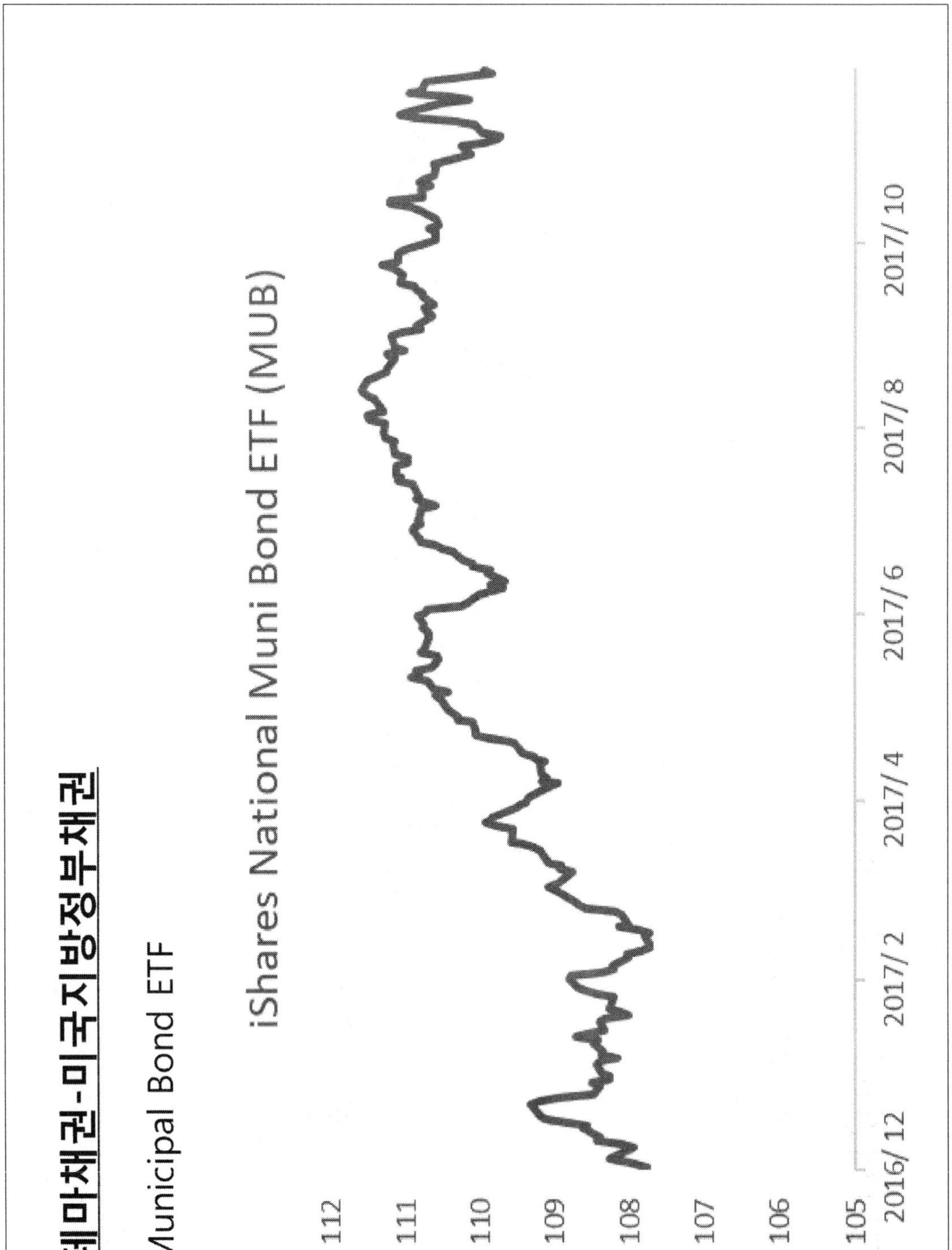
테마채권-미국지방정부채권
Municipal Bond ETF
iShares National Muni Bond ETF (MUB)
112
111
110
109
108
107
106
105
2016/12
2017/2
2017/4
2017/6
2017/8
2017/10

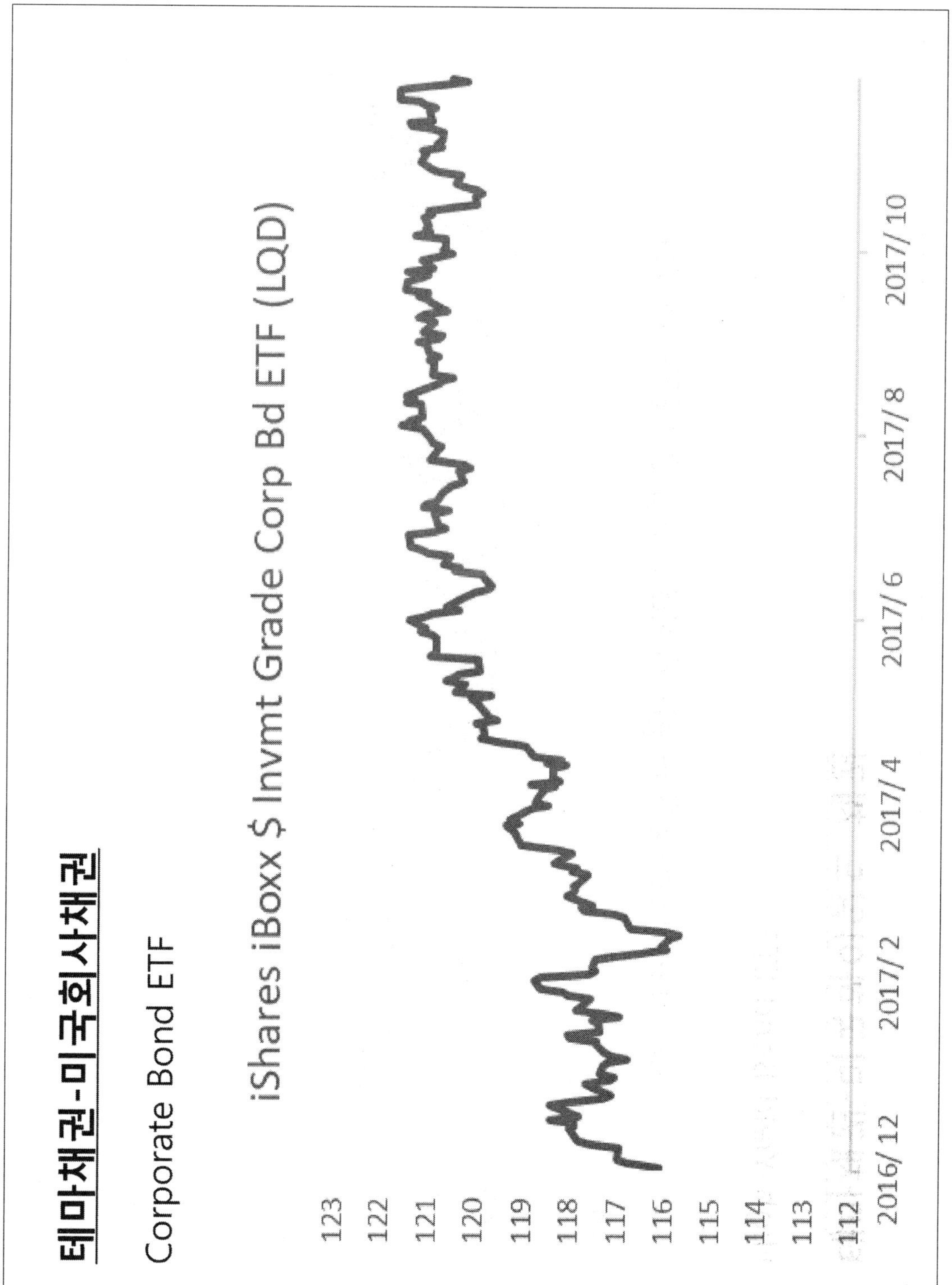
테마채권-미국회사채권
Corporate Bond ETF
iShares iBoxx $ Invmt Grade Corp Bd ETF (LQD)
123
122
121
120
119
118
117
116
115
114
113
112
2016/12
2017/2
2017/4
2017/6
2017/8
2017/10

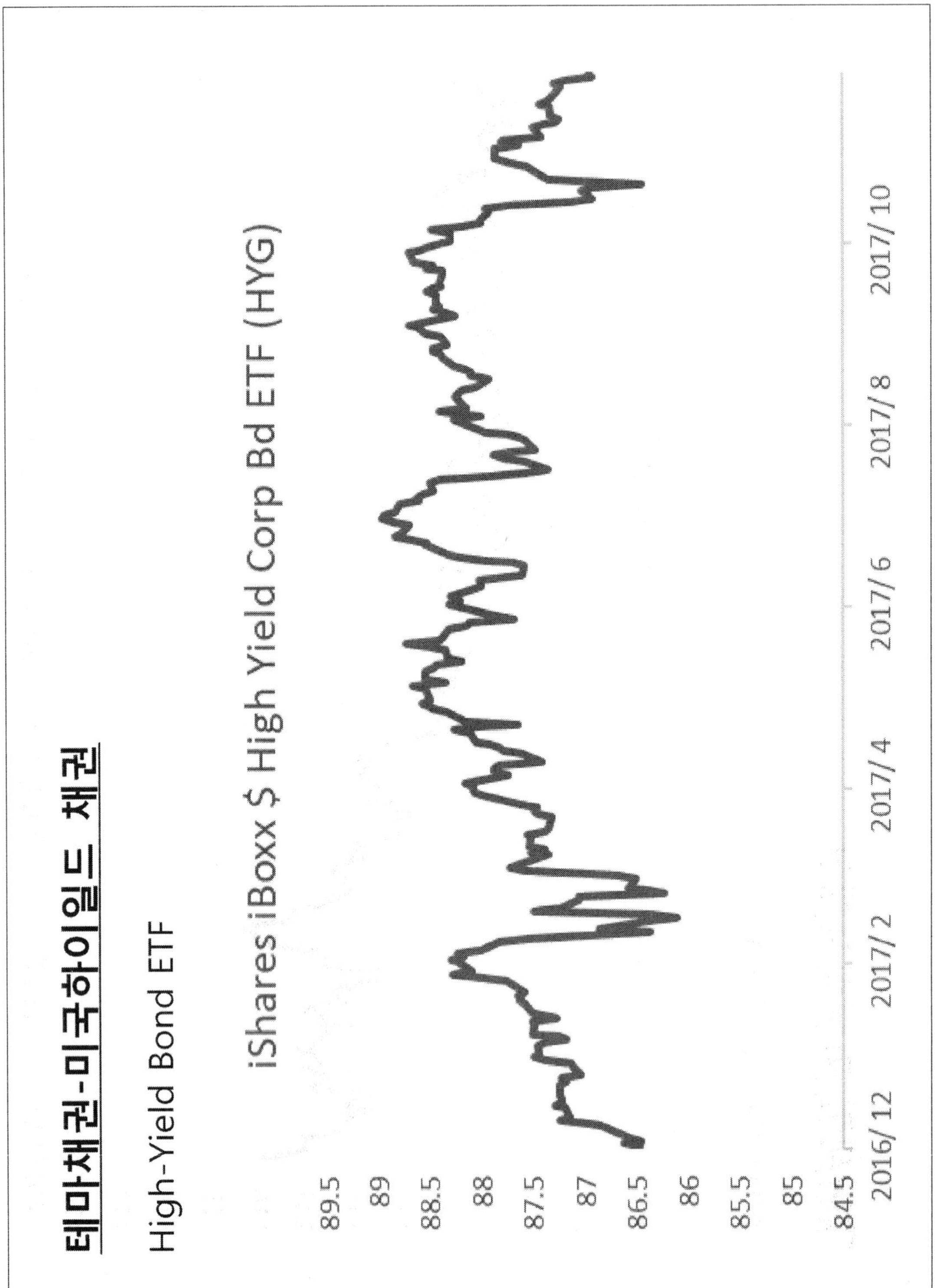

테마채권-미국하이일드 채권
High-Yield Bond ETF
iShares iBoxx $ High Yield Corp Bd ETF (HYG)
89.5
89
88.5
88
87.5
87
86.5
86
85.5
85
84.5
2016/12
2017/2
2017/4
2017/6
2017/8
2017/10

테마채권-미국시니어론 채권
Senior Loans Bond ETF
PowerShares Senior Loan ETF (BKLN)
23.5
23.4
23.3
23.2
23.1
23
22.9
22.8
22.7
2016/12
2017/2
2017/4
2017/6
2017/8
2017/10

채권전략-미국제로듀레이션 채권
Hedged Investment Grade ETF
WisdomTree Barclays IntrRtHgUSAggtBd ETF
(AGZD)
48.6
48.4
48.2
48
47.8
47.6
47.4
2016/12
2017/2
2017/4
2017/6
2017/8
2017/10

채권전략-이자율 헤지 회사채권 채권

Hedged Corporate Bond ETF

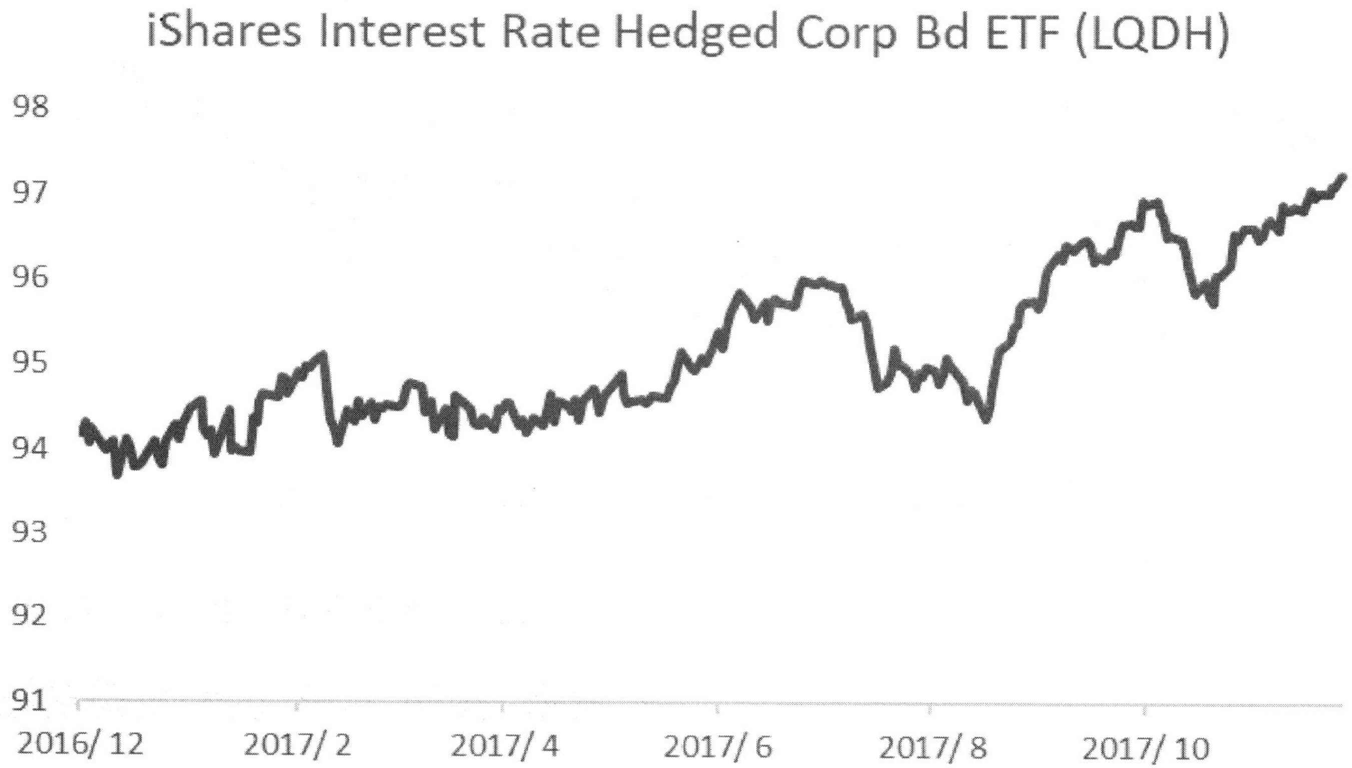

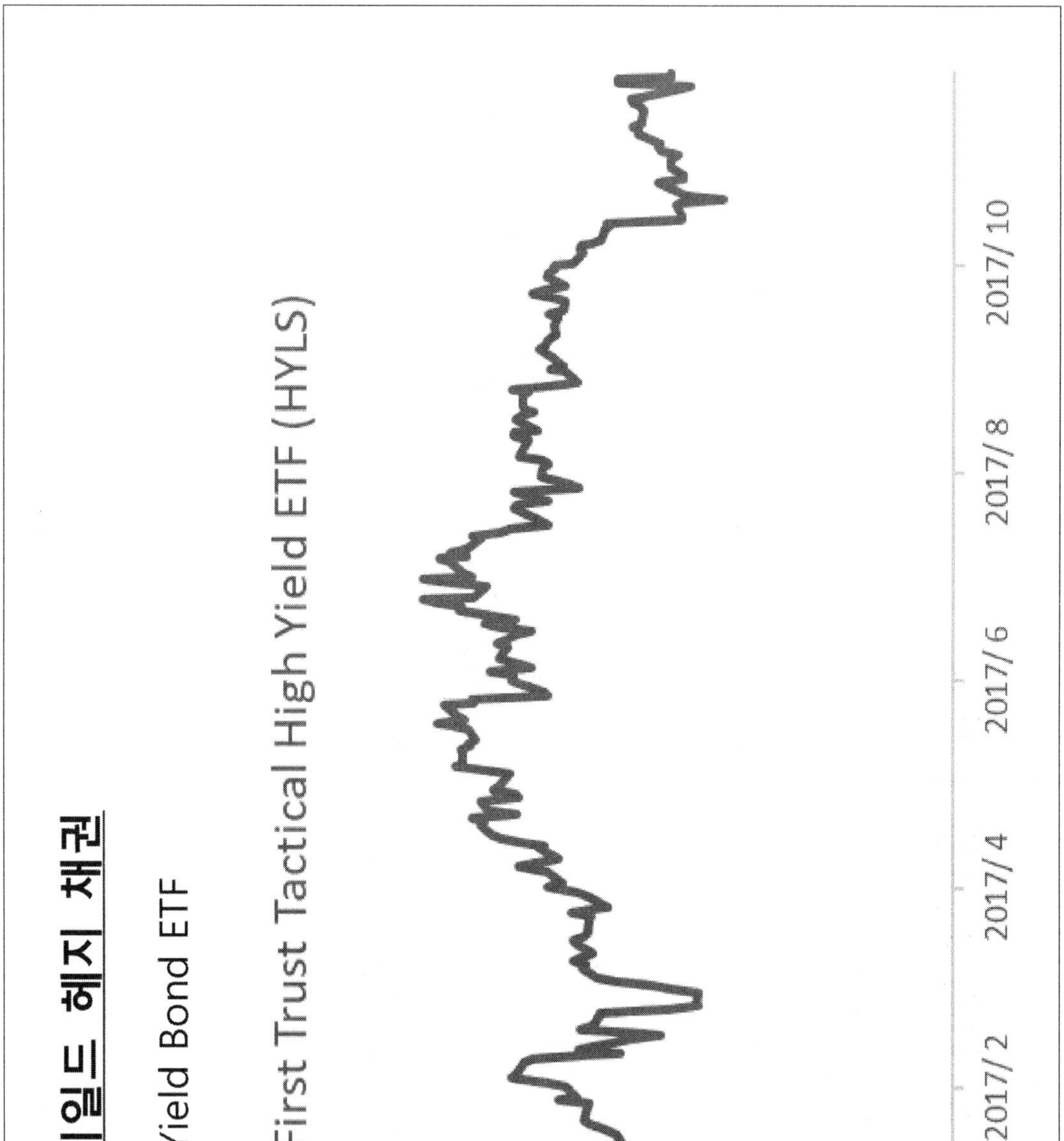
채권전략-하이일드 헤지 채권
Hedged High Yield Bond ETF
First Trust Tactical High Yield ETF (HYLS)
50
49.5
49
48.5
48
47.5
47
2016/12
2017/2
2017/4
2017/6
2017/8
2017/10

채권전략-목표기일 회사 채권
Target Maturity Corporate Bond ETF
Guggenheim BulletShrs 2017 Corp Bd ETF (BSCH)
22.68
22.66
22.64
22.62
22.6
22.58
22.56
22.54
2016/12
2017/2
2017/4
2017/6
2017/8
2017/10

채권전략-목표기일 하이일드 채권
Target Maturity High-Yield Bond ETF
Guggenheim BulletShrs 2017 HY CorpBd ETF
(BSJH)
25.95
25.9
25.85
25.8
25.75
25.7
25.65
25.6
25.55
25.5
2016/12
2017/2
2017/4
2017/6
2017/8
2017/10

채권 2. 전략-특정 지역이나 국가를 통한 플러스알파

글로벌 전략	Broad Market actively-managed 글로벌 액티브채권운용	Global Ex-US Investment Grade 글로벌 투자등급채	Global TIPS 글로벌 물가연동채
선진국 전략	Developed Market Government Bond 선진국 채권	Developed Market Corporate Bond 선진국 회사채권	Developed Market High Yield Bond 선진국 하이일드 채권
신흥국 전략	Emerging Market USD Bond 신흥국 국가 달러화발행채	Emerging Market L / C Bond 신흥국 국가 지역통화발행채	Global Localized Bond 지역전략=크레딧전략

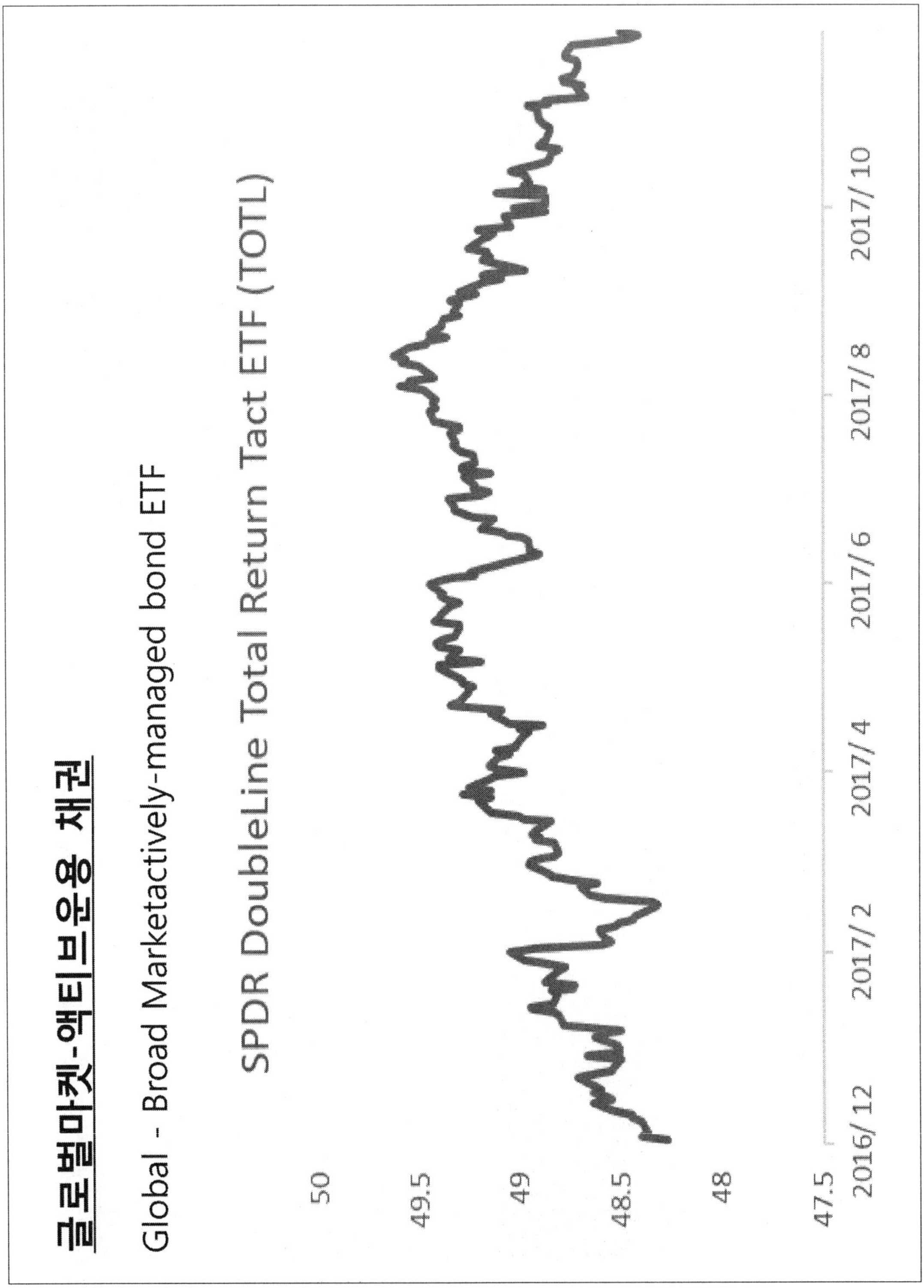
글로벌마켓-액티브운용 채권
Global - Broad Marketactively-managed bond ETF
SPDR DoubleLine Total Return Tact ETF (TOTL)
50
49.5
49
48.5
48
47.5
2016/12
2017/2
2017/4
2017/6
2017/8
2017/10

글로벌마켓-미국제외 투자등급 채권

Global Ex-US - Broad Market Investment Grade bond ETF

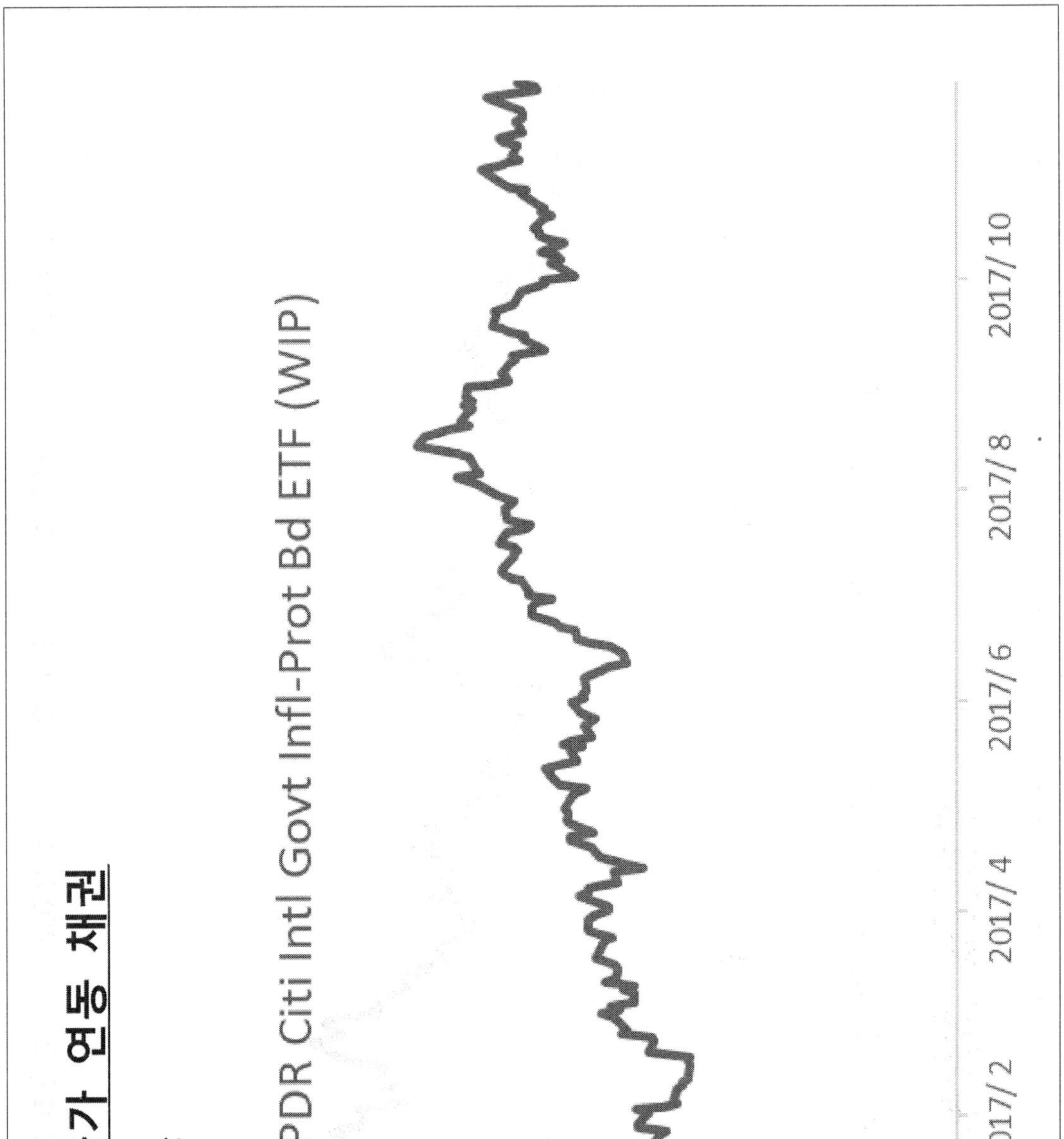
글로벌마켓-물가 연동 채권
Global TIPS ETF
SPDR Citi Intl Govt Infl-Prot Bd ETF (WIP)
60
58
56
54
52
50
48
2016/12
2017/2
2017/4
2017/6
2017/8
2017/10

글로벌마켓-선진국 채권
Developed Market Government Bond ETF
SPDR Blmbg Barclays Intl Trs Bd ETF (BWX)
30
29
28
27
26
25
24
23
2016/12
2017/2
2017/4
2017/6
2017/8
2017/10

글로벌마켓-선진국 회사채권
Developed Market Corporate Bond ETF
PowerShares International Corp Bd ETF (PICB)
28
27
26
25
24
23
22
2016/12
2017/2
2017/4
2017/6
2017/8
2017/10

글로벌마켓-선진국 하이일드 채권
Developed Market High Yield Bond ETF
iShares Global High Yield Corp Bd ETF (GHYG)
52
51.5
51
50.5
50
49.5
49
48.5
48
47.5
47
46.5
2016/12
2017/2
2017/4
2017/6
2017/8
2017/10

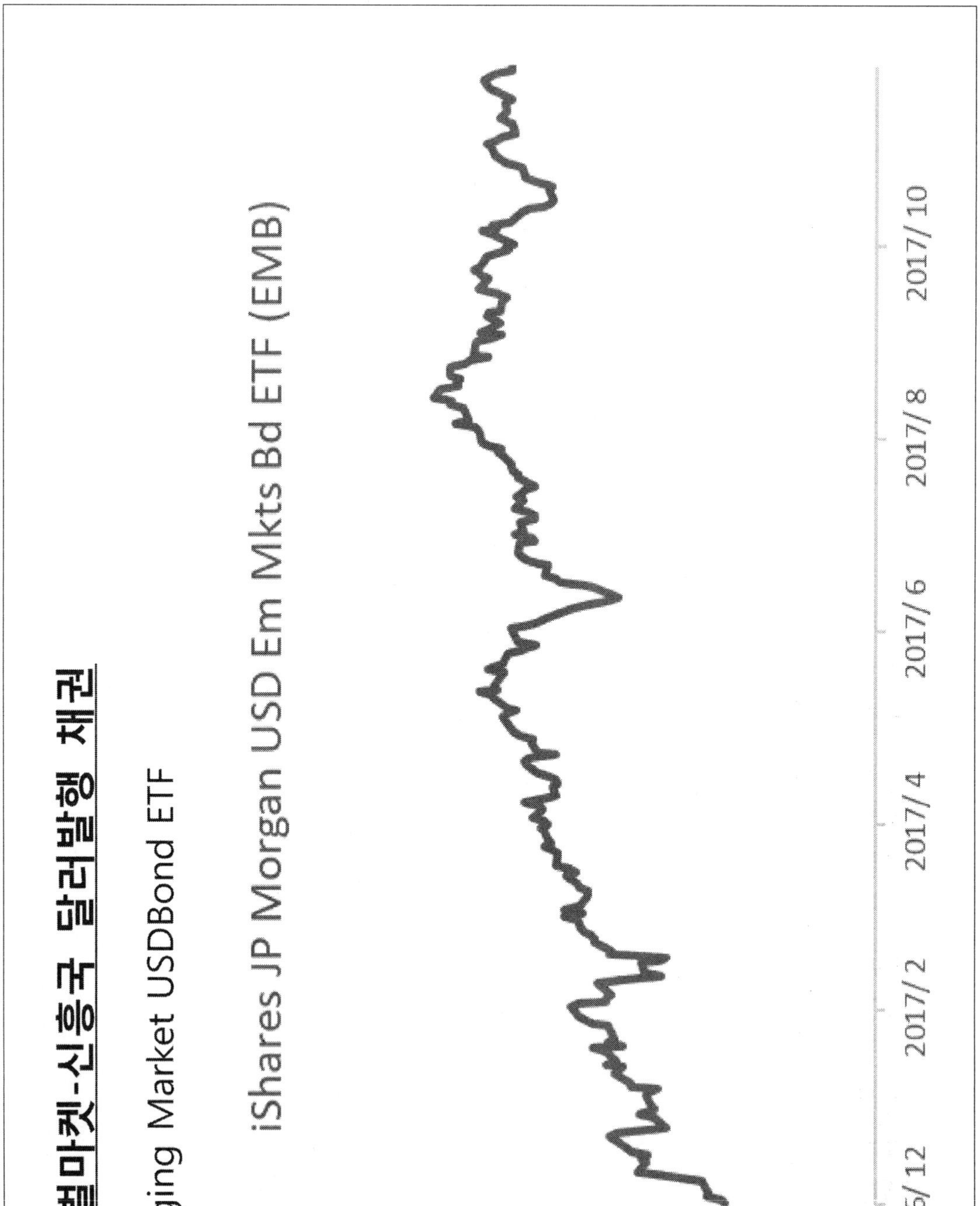
글로벌마켓-신흥국 달러발행 채권
Emerging Market USDBond ETF
iShares JP Morgan USD Em Mkts Bd ETF (EMB)
120
118
116
114
112
110
108
106
2016/12
2017/2
2017/4
2017/6
2017/8
2017/10

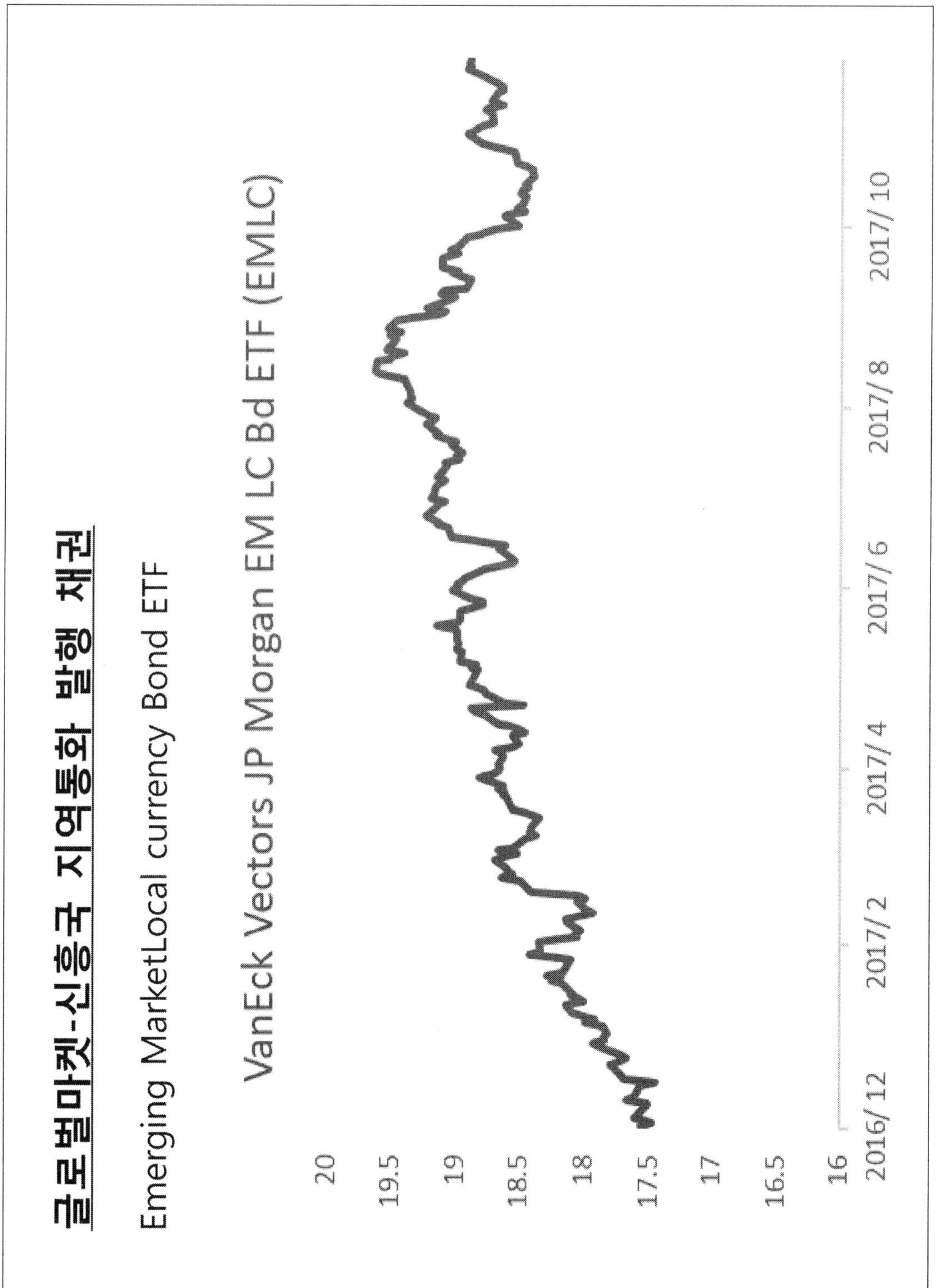
글로벌마켓-신흥국 지역통화 발행 채권
Emerging MarketLocal currency Bond ETF
VanEck Vectors JP Morgan EM LC Bd ETF (EMLC)
20
19.5
19
18.5
18
17.5
17
16.5
16
2016/12
2017/2
2017/4
2017/6
2017/8
2017/10

글로벌 자산 투자 트렌드 2018

지 은 이 서문진
발 행 일 2018년 1월 19일
발 행 처 WHYBOOKS®
(주)와이북스
등 록 제390-2011-000012호
주 소 세종특별자치시 조치원읍 문화2길 52, 307호
대표전화 031-976-3555
팩 스 0303-3444-1956
홈페이지 www.whybooks.co.kr
이 메 일 whybooks@whybooks.co.kr
I S B N 979-11-88614-02-8 (03320)
정 가 10,000원